モンゴル最後の王女

文化大革命を生き抜いたチンギス・ハーンの末裔

楊 海英・新間 聡

JN148407

草思社文庫

文庫版まえがき——中国はモンゴルに何をしたのか

モンゴルと日本の特別な関係

何故、中国はこれほど多種多様な民族問題を抱えているのか。民族問題の背後に何があるのか。民族問題を当事者たちはどのように生きぬいたのか。本書は文化大革命を経験した一人のモンゴル人女性の現代史から、中国の民族問題の発生の原因と性質をさぐろうとするものである。

中国の民族問題と言えば、チベットとウイグルのことがよく取り上げられる。チベットに関しては国際的な草の根の支援運動が広まっているからであろう。一方、ウイグルはイスラーム圏と繋がっているということで、近年注目されている。それはキリスト教文明と中華文明がイスラーム文明と相容れず、イスラームが誤解され、敵視されていることも原因のひとつだと指摘されている。しかし、チベットとウイグルだけでなく、私はむしろ、中国の抱えるいちばん深刻な問題は、モンゴルに対する弾圧なのではないかと考えている。

そして、中国によるモンゴルへの弾圧を日本で語る意義を、私はいつも強調している。というのは、モンゴルは日本と特別な関係にあった。それは明治維新以降、日本人が早くから出会って、一番気持ちよく付き合ってきた、仲良くしてきたのはモンゴル人であったからだ。近代になって日本が海外へと植民地を開拓していったのは台湾、朝鮮半島、そして満蒙。その満蒙の半分「蒙」は、言うまでもなくモンゴルのことである。

そして結論的にいうと、今日、アジアで最も親日的なところは台湾とモンゴルである。昨今の日韓関係からも分かるように、朝鮮半島とは非常にややこしい関係になっている。日本側がいくら努力してもなかなか許してもらえないというか、とても偏狭な、恨みの塊のようになっているところがある。それに比べ、台湾とモンゴルは全然違う。信頼と友好の関係がある。そこを私は非常に大きいと思っている。これが、日本でモンゴルの問題を語る意義である。

少数民族へのジェノサイド

さて、そんなモンゴルに関して、ここにとてもショッキングな数字がある。大量虐殺のデータである。

一九六六年、中国で文化大革命が勃発した時、内モンゴル自治区には百五十万人弱のモンゴル人が住み、一方、長城の南から侵略してきた中国人はその九倍にも達していた。そして、自らの故郷において圧倒的な少数民族に追い込まれていたモンゴル人たちは、全員が中国共産党による粛清の対象となり、結果一九七六年までの十年間に、三十四万六千人のモンゴル人が逮捕され、十二万人が身体障害者になって、二万七千九百人が殺害された。

ただし、これは中国政府が公式に発表した数である。私は少なくとも十万人が殺害されたと見ている。私だけでなく英米の社会学者も、複数の人が複数の地域でサンプリング調査していくと、やはり十万人の殺害という数字に行きつく。

これに「遅れた死」、つまり逮捕され拷問を受け、何とか家に帰れたものの後に亡くなった人を加えると、文化大革命によるモンゴル人の犠牲者は、およそ三十万人に達すると言われている。内モンゴル自治区のモンゴル人研究者たちはどちらかというと、この数字の方が、信憑性があると理解している。

これはとても大きな数字である。先ほど申し上げたように当時の人口は百五十万人弱であるから、ひとつの家庭から一人が捕まり、十五人に一人が殺害され、「遅れた死」を含めると五人に一人が亡くなったことになる。これら中国に暮らすモンゴル族全体が受難していた凄惨な歴史を、私たち研究者及び当事者たちは、中国共産党政府と中国人が一体となって進めたジェノサイド（大量虐殺・民族浄化）だと理解している。

そしてここが大切なところなのであるが、このように多くの人々が殺害された原因が、モンゴル人たちが日本の植民地時代に、日本人と仲良くした、「対日協力」をしたということだからである。

最初に私が「中国によるモンゴルへの弾圧を日本で語る意義」と言った意味は、まさにこの点にある。「満蒙時代にモンゴル人は日本と仲良くしていた」「これは許せない行為である」、その口実でモンゴル人が大量に虐待・虐殺されたわけである。そのため、私はこのモンゴル人粛清問題をぜひ日本人に知ってもらいたいと思っている。これは日本の人たちにぜひとも考えていただきたい、アジアに於けるもうひとつの歴史、生き方の歴史である。

モンゴル人の遊牧生活を守る

モンゴルの近現代史を少しだけ説明してみよう。一九一一年に辛亥革命があって、翌年に満洲人の清朝が打倒されて以降、モンゴル人は中国から離れて別の国を作りたいと努力してきた。そして、モンゴル高原の北側にはモンゴル人民共和国が出来て成功したが、南の方は中国の軍閥や入植者、農民がたくさんいたので出来なかった。モンゴル高原の南半分を俗に内モンゴルと呼ぶが、「内」という字には中国からの視点が含まれている。その内モンゴルに進出してきたのが日本であった。満蒙開拓団という一般人もいれば、国家として、満洲国も創建された。

そこで日本がどういう政策を取ったかというと、中国人の侵略者たちに「それ以上侵略するのは、やめなさい」と言った。そしてモンゴル人がいちばん大事にしている、遊牧生活をきちんと守る政策を打ち出した。というのは何故モンゴル人たちが遊牧をあれだけ大事にするかというと、モンゴルの草原というのは、一見真緑に見えても、実は地層の栄養素がとても薄いからである。開墾して、農耕地にしようとするとたちまち沙漠になってしまう。

つまりモンゴル人たちが放牧をするのは、長い経験から大地の脆弱さを知っていたからである。その自然環境と遊牧文化を守りたかった。しかし入植していた中国人たちはかまわず開墾して無理やり農耕化していた。

一方、日本人は現地を調査して、このモンゴルの地は開墾してはいけないとすぐに理解した。日本は植民地化を進める際、満蒙に学者を派遣して調査させていたからである。その学者たちがたいへん建設的な提案をした。そこで内モンゴルでは、モンゴル人はそのまま遊牧を続け、中国の入植者たちはこれ以上農耕地を開拓しない方がいいと、すこぶる合理的な政策が実施された。

これが、モンゴル人たちが日本人に対して好意的になった理由である。彼らは後に中国から「お前達は日本軍に協力しただろう」と言われ粛清の対象にされるが、それは中国に対して意味もなく反発していたわけではない。日本の対満蒙政策が非常に道理にかなっていたからである。

民族問題は「内政問題」ではない

このように考えていくと、モンゴル人が大量に虐殺されたことが、いかに日本と繫がっているかをご理解頂けると思う。つまりこれは日本の問題でもある。要するに国際問題なのである。中国はいつも「民族問題は内政問題だ」と強弁するが、それは違う。民族問題はすべて国際問題である。

何故ならモンゴル人を殺すということは、言わば間接的に、対日の歴史を再清算していることになるではないか？　毛沢東と周恩来は「日本からは賠償は要らない」と言った。そう言っておいて、一方でモンゴル人には「お前たちは日本に協力しただろう」と因縁をつけ、粛清ないしは処刑したわけである。これが対日の歴史の間接的な清算であり、歪曲的なすり替えでなくて何であろうか。

これは中国における他の地域でも同様である。

チベットの問題では、チベット人は文明的にインドと繫がっているので、一九五九年にダライ・ラマ法王が亡命して今に至る。これはすなわちインドとの国際問題である。インドと中国が仲良くなれないのは、ダライ・ラマの亡命政権を抱えているからだし、インド人たちはダライ・ラマにシンパシーがあるから上手くいくはずがない。

新疆ウイグル自治区の問題でも、ウイグル人はトルコ系の民族である。トルコ系の人たちは全体で今、中央ユーラシアに数億人いる。東はウイグルから西はトルコ共和国のアナトリアまで、各国に分布して暮らしている。彼らは皆言葉はすぐに通じるし、同じ価値観を持っているので、ウイグル人が中国で弾圧されていると、中央アジアの数億人の仲間たちは当然黙ってはいられない。それらの国は建前上「内政相互不干渉」と言うが、心情的にはやはりウイグル人が抑圧されていることには同情的である。そうするとこれはやはり、間違いなく国際問題である。

それに関して中国は常に「モンゴル、チベット、ウイグルの問題は解決済みだ」と詭弁をする。たとえば現在でもモンゴルでは中国政府や中国人即ち漢民族に対する抵抗運動はしばしば起こっているが、それに対して中国が行うのは、「あれは刑事事件」だと言って片付けることである。

ウイグル人に対しては、「彼らはテロリストなんだ」と言い張る。二〇一四年の十月に天安門広場でウイグル族一家による自動車炎上事件があった。あれに関しては日本でも「抗議の投身自殺だったのではないか」という見方があったが、中国は一貫して「いや、テロ事件である」と宣伝している。

「テロ」だと言えば国際社会が納得すると中国人は思っている。ウイグル人はイスラーム教信者だから、そしてアメリカは今イスラーム過激派と戦っているから、「イスラームだからテロリストなんだ」と、そう言っておけば正当性が保てると思いこんでいる。

繰り返し強調するが、民族問題はすべて国際問題である。中国はそれを歪曲し矮小化し、国際社会の眼を誤魔化そうとしているだけである。だから、中国に於ける民族問題は、何ひとつ解決していないのである。

ヤルタ協定という密約の犠牲者

そしてもうひとつ、日本の合理的な対満蒙政策に賛同し協力してきたモンゴル人たちだったが、第二次世界大戦で日本が敗退、満蒙から撤退するにあたり、今度はソ連と一緒になりたいと考えるようになる。内モンゴルの人たちも決して中国を選ぶことはなかった。モンゴル人民共和国の成立と民族の統一を実現させて、ソ連圏に入りたいと望んだのである。

しかしこの時、ヤルタ協定という密約が結ばれ阻まれてしまう。この密約は、対日敗戦処理を巡る秘密協定である。ここでソ連、アメリカ、イギリス、中華民国が密談をして、ソ連が満洲に出兵する代わりに南モンゴルは中国が支配するという、言わば裏取引がなされるのである。

私は今、日本もモンゴルもこの裏取引を問題視すべきだと考えている。何故かというと、このヤルタ協定とはそもそも対日敗戦処理の協定であって、モンゴルのその後を決めるものではなかった。しかもモンゴル人と日本人は誰一人出席していなかった。当時、独立国家として存在していたモンゴル人民共和国も代表を派遣していないし、内モンゴルからも参加していない。満洲国のモンゴル人もいなかった。

モンゴル人のいないところでモンゴル人の運命を決める——そして内モンゴル、つまりモンゴル人の半分を中国へ売り渡す結果になってしまった。しかも、戦勝国が敗戦国に対する処理をするという密約の中で、言わばどさくさ紛れのように運命が決められた。これはモンゴル人にとって非常に不平等かつ不名誉な取り決めと言わざるを得ない。そして、日本の北方四島がソ連に引き渡されることになったのもまた、ヤルタ協定によるものである。

結局、内モンゴルは中国に占領されてしまうわけだが、占領されて終わるだけではなく、中国はモンゴル人に二つの罪を負わせてきた。ひとつは既述したように「満蒙時代に対日協力した罪」。そしてもうひとつが、日本人が撤退した後は中国を選ばずに、モンゴル人同士でひとつの国を作りたいと望んだ、つまり中国に言わせれば「中国から分離独立をしたいといった罪」である。この二つが罪となって、十万人ものモンゴル人が被害に遭う大量虐殺が開始されたのである。

文革中の組織的性犯罪

大量虐殺が発動された間に、大変残虐な出来事が繰り広げられていたことをお伝えしたい。

中国の文化大革命の間、内モンゴルでいったい何が行われてきたのか。私は実証研究に基づき、出来る限り多くの一次資料を集め、当事者にインタビューして来た。結果、中国共産党政府と中国人が一体となって、モンゴル人に対する一方的な大量虐殺があったことが明らかになった。そして、その際同時に、モンゴル人女性に対する極めて悪質かつ残虐な性犯罪が横行していたのである。本書の主人公、オルドス高原に住む、貴族出身のスチンカンルもまたそのような被害者の一人である。

この中国によるモンゴル人ジェノサイドについて、私は今まで十一冊の一次資料を日本で刊行してきた。そしてこのうちの第五、六冊は『被害者報告書』（風響社、二〇一三年、二〇一四年）、つまり女性たちが自身の経験した性的被害を記した記録である。これには被害者たちが誰にいつどのような目に遭わされたかということが、直筆で実名で書かれている。その内の数例を紹介しよう。

まず、内モンゴル自治区西部のトゥメト地域での実態。

例えば、四《し》家堯《かぎょう》人民公社では共産党書記の白高才は中国人たちを集めて、モンゴル人女性を逆さまにしてその陰部を縄で引き、大怪我をさせた。中国人たちは妊娠中の女性の胎内に手を入れて、その胎児を引き出す犯罪も働いた。中国人たちはこれを「芯を抉り出す」（挖芯《ワーシン》）と呼んでいた。

実際、ワンハラという女性を中国人たちは「民族分裂主義者」だと決めつけ、彼女に対して「芯を抉り出す」暴虐を実施した。手を陰部に入れて子宮にまで達し、四か月になっていた胎児を引き出した。彼女はこの暴挙が原因で亡くなった。

また、内モンゴル自治区中央部のチャハル右翼後旗のモンゴル人たちは、次のように回想している。

《ドルジサンという女性の牧畜民がいた。ある晩、中国人たちは彼女を裸にしてから手と足を縛った。そして、刀で彼女の乳房を切り裂いてから塩を入れ、箸でかき混ぜた。鮮血は箸に沿って流れ、床一面が真っ赤に染まった。彼女はこのように十数日間にわたって陵辱されて亡くなった》

このチャハル右翼後旗のあるウラーンチャブ同盟では、計千六百八十六人のモンゴル人が惨殺されていた。

もうひとつ、以下はフフホト市に住むモンゴル人の証言。彼女は当時、ウラーンハダ人民公社に暮らしていた。

《私が住んでいた集落は五戸のモンゴル人からなり、九人の女性がいた。一九六八年二月のある日、中国人たちは片手に毛沢東語録を持ち、もう片手で鞭を持って私たちを叩いた。鞭が切れ、棍棒が折れるまで殴られた。親戚の二十代の女性は殴られて流産したが、中国人たちは大声で笑い、喜んでいた。

モンゴル人女性は例外なく中国人幹部や解放軍の兵士にくりかえしレイプされた。あの時代、半径数十キロ以内のモンゴル人女性たちに逃げ場がなかった。

一九六八年の夏のある晩、彼らは私たち五人の女性を丸裸にして草原に立たせた。私たちは両足を大きく広げられ、股の下に燈油のランプが置かれた。すると、無数の蚊や蛾などの虫が下半身に群がってきた。このような虐待方法はその後、何日もつづいた。凌辱されている時、大勢の中国人たちがまわりでみて、笑っていたのである》

中国共産党の「解放」の正体

近年いわゆる「従軍慰安婦」を「性奴隷（Sex Slaves）」と見なす宣伝が活発化している。これを人類の歴史の中で、「戦場における性」として見るならば、様々な議論があるだろう。たとえばそういうシステムを作らなければ、民間の女性がレイプの被害に遭うのではないかとか。また、日本軍だけじゃなく他国の軍隊もやっていたと報告されている。「従軍慰安婦」を「性奴隷」と位置づけるアメリカも韓国も、同様なことをやっていたではないかとか――それぞれ主張はあるだろう。

しかし私が申し上げたいのは、それらはあくまで戦時の出来事であり、戦時に於ける性の問題である。つまり戦争という非日常に於ける、軍隊と性の関係である。ところが文化大革命というのは戦時ではない。あくまでも平時で、「中国人民は共産党によって解放され、幸せに暮らしていた」とされる時期である。これが第一の大きな問題である。

そして二つ目は、大量虐殺も組織的レイプもそうであるが、中国政府はしかるべき処置を何ひとつしてこなかったということである。これだけの性犯罪を含む残虐行為があったに関わらず、誰一人逮捕もされなかったし、裁判にもかけられなかった。当然、処刑もされていない。つまり、中国政府は加害者を庇ってきたのである。

内モンゴルでの大量虐殺を指示していたのは藤海清という中将で、毛沢東の部下である。南モンゴルでは彼を逮捕して裁判にかけるべきと求めたが、毛沢東と周恩来は「彼は革命のために貢献した人だから」と一切の罪を問わず無罪放免にした。中国はモンゴルなど諸民族を「解放」したと宣言しているが、「解放」の本質は殺戮と環境破壊である。

そしてもうひとつが先に例を挙げたように、その残虐極まりない、組織的な性暴力である。これはもう「従軍慰安婦」を「性奴隷」と呼ぶ以前の問題である。性行為は人間なら誰しも行うことであろう。殺人も、残念ながら戦争という非日常の中では発生してしまうものであろう。しかし、文化大革命は戦争ではなく平時だったのである。

「西部大開発」の行きつく先

中国人は何故、このような暴力性と残虐性をもってモンゴル人を虐待したのだろう？　たんに性衝動に駆られてレイプするということに留まらず、非常に残虐な形で、組織的に犠牲者を傷つけたり殺したりしている。私はそこには、中国人が四千年の長きにわたって持ち続けている傲慢な選民の思想、中華思想があると考えている。

中国は一九九〇年代末から、国をあげて西部大開発という計画を進めてきた。内モンゴル自治区と新疆ウイグル自治区など、歴史的にずっと遊牧民たちが住んできた地域を経済的に発展させようという国家プロジェクトである。

かつて日本人が満洲から撤退した後、中国人（漢民族）たちは現地の自然環境を無視して遠慮なく開墾し、広大な草原を沙漠に変えてしまった。現在黄沙が遠く日本列島にまで飛んで来るのはそのせいである。彼らは何故そんなことをしたのか？　そこには農耕と工業は遊牧よりもはるかに先進的で、「立ち遅れたモンゴル人」は中国に同化すべしという中華思想があったからである。

それが二十一世紀から始まった西部大開発ではさらに強まっているし、現在ではいわゆる「一帯一路」（陸上と海上のシルクロード）政策で更に膨張を続けている。今中国人が狙っているのはモンゴルやウイグルにある豊富な地下資源である。主に石炭と天然ガス、そして石油。レアアースにウランもある。すべて彼らが手放したくないものばかりで、対外拡張に欠かせない資源である。

大量の中国人が移住し、傍若無人な乱開発が進められている。中国政府はそこを「新天地」だと吹聴している。西部大開発と「一帯一路」は「文明的な中国人」が大量に移住して、「野蛮人のモンゴル人とウイグル人」を文明社会へと「助ける行為」なのだと宣伝している。

こうした背景のなか、二〇一一年五月十一日には、内モンゴル自治区中央部のシリーンゴル草原にて、一人のモンゴル人遊牧民が殺害された。この付近では石炭の露天鉱が発見されており、連日昼夜数百台のトラックが殺到している。中国人による圧倒的な数のトラック隊は、草原を無秩序に走り廻って脆弱な植被を壊して土地を沙漠に変え、家畜を轢き殺しても弁償もしなかった。遊牧民たちは政府に陳情したものの無視されたため、自発的に立ち上がり環境に配慮した石炭発掘を求めている。

しかし中国人は「モンゴル人を殺しても四十万元（約五百万円）払えばことは済む」と暴言を吐きながら、トラックの前に立ちはだかった三十代の男性を衆人環視のもと故意に轢き殺したのである。当然その直後から内モンゴル各地で抗議デモが発生したが、すべて政府によって鎮圧され、多数のモンゴル人が逮捕された。そう、歴史はまた繰り返されようとしている。

中国が今後も大国になっていこうとするならば、これら少数民族の故郷に対する傍若無人な開発は続くであろう。何故ならそこに埋蔵されている豊富な地下資源なしに、中国の継続的な経済発展は望めないからである。これはもう自治ではなく植民地支配である。そして、新疆においては、先住民のウイグル人が百万人単位で強制収容所に閉じこめられ、国際的に非難されている。

そしてこの帝国主義化はモンゴル、ウイグル、チベットに留まらず、その他の東南アジアの小さな国にまで広がっていきつつある。日本に対しても二〇一四年五月、中国共産党機関紙人民日報が「沖縄は日本により簒奪されたもの」であり、「琉球処分問題は歴史的に未解決」と伝えたのではないか。

以上で述べてきたように、中国の民族問題はすべて国際問題である。そしてこれらの民族問題は、日本とも決して無縁ではないのである。

本書は、一人のモンゴル人女性の生き方から、中国の民族問題の背景と本質を描こうとしたものである。本書は文化大革命期に特化しているが、文革期ほど社会主義中国を代表する時代はほかにないからである。

（初出「WiLL」二〇一四年二月号。本書に収録する際に、趣旨に沿って書き直した）

モンゴル最後の王女◉目次

第七章　名誉回復への道

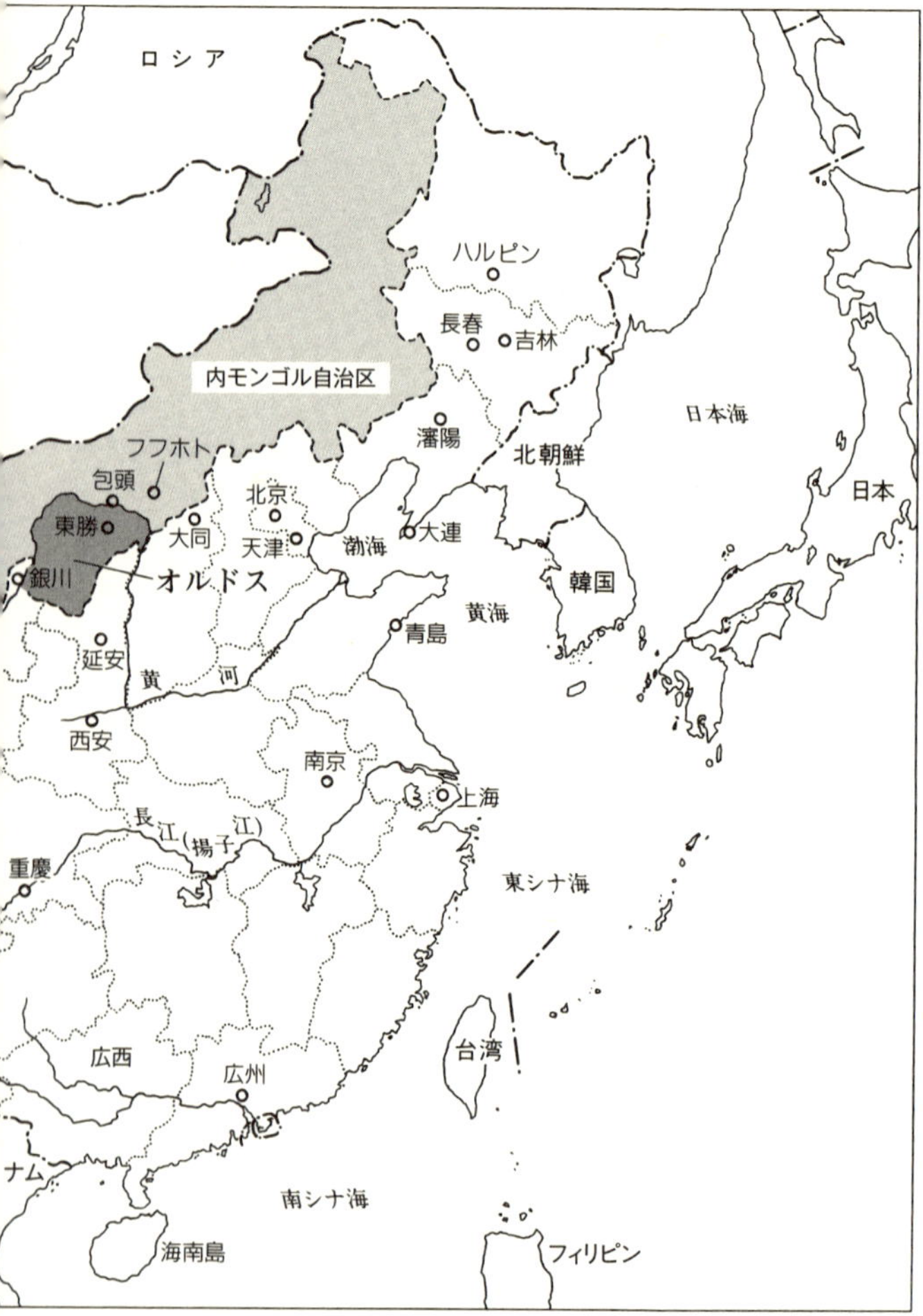
ロシア
内モンゴル自治区
ハルピン
長春
吉林
瀋陽
北朝鮮
日本海
日本
フフホト
包頭
東勝
北京
大同
天津
渤海
大連
銀川
オルドス
韓国
黄海
青島
延安
黄
河
西安
南京
上海
長
江（揚子
江）
重慶
東シナ海
台湾
広西
広州
ナム
南シナ海
海南島
フィリピン

中華人民共和国内におけるオルドスの位置

はじめに　写真が語る歴史

——ここに、一枚の写真がある（右）。

すこし色あせているが、一九五〇年代初頭の内モンゴルで写したものにしては、よく撮《と》れている。一九五〇年といえば、日本の昭和二十五年。戦後の混乱はおさまっても、まだ闇市が幅をきかしていた時代である。

この年の三月、二眼レフ流行のきっかけとなったリコーフレックスが発売されたが、まだカメラは珍しかったし、フィルムもいまの三五ミリとちがって、暗室であつかわなければ露光の危険があるブローニー判だった。

まして内モンゴルの草原地帯。この写真は街の巡回写真屋が乾板で撮影したものにちがいない。

二歳たらずの幼児を抱いた夫と、その右手に立つ若妻が着飾ってカメラに向かい、バックには風景を描いた布らしいものが垂れている。草原の寺院の祭りにでも出かけたとき、記念に撮ってもらったものであろう。

それにしても豪勢な頭飾りの上に、ターバン風の帽子を載せた若妻の、気品を感じさせる美貌には目を見張るものがある。

蒙古《モンゴル》風といおうか、イスラーム式といおうか、足首までかくれる長い衣服。裏には毛皮がついているらしく、スタイルは定かでないにせよ、北方人に特有な、足のスラリとした八等身を想像させる。

彼女の名はスチンカンル。遠い祖先は十三世紀の初めに、ユーラシアに大モンゴル帝国を築いたチンギス・ハーンである。モンゴルではアルタン・ウルクと呼ばれるその《黄金家族》の血を受けついだ、今世紀最後のアブハイ（王女）のひとりだ。

夫のタブナン・ボロルダイは、彼女より十四歳も年上だというが、写真ではそれほどの年齢差を感じさせない。抱かれている子どもは長男のエルデニである。エルデニとはモンゴル語で、「宝」との意だ。

当時は、国共内戦に勝利をおさめた毛沢東が「中華人民共和国」を成立させたばかり。内モンゴルの草原地帯にも、新中央政府による共産党化の風が吹きはじめていた。中国共産党はモンゴル人を「日本帝国主義と封建的王公貴族の圧政から解放した」、と宣伝していた。しかし、モンゴル人はだれもまだ、「解放」の自由を感じていなかった時代だ。

蔣介石の国民政府は、前年の十二月に四川《しせん》省の成都《せいと》から台湾へ移り、朝鮮戦争が勃発したのは五〇年六月、十月二十五日には鴨緑江《おうりょくこう》を越えた《中国義勇軍》が、雪崩《なだれ》をうって朝鮮半島を南下する。スチンカンルらが暮らしていた内モンゴル自治区政府管轄下のオルドス地方の、すでに人民解放軍に編入されていた元国民政府軍兵士のなかにも、この《義勇軍》にくわわった者も大勢いた。

しかし、幸せそうな家族の写真からは、当時の国際的な緊張は読みとれないし、またその後、スチンカンルの身におこる波瀾に満ちた人生を、予見できる者は、おそらくだれひとりいなかったのではないか。

ここで、写真入手のいきさつについてふれておきたい。

オルドス・モンゴルの文化人類学的調査をおこなっていた楊は、スチンカンルの家に一週間泊まりこみ、彼女からオルドスの近現代史について語ってもらっていた。

オルドス・モンゴルは、むかしからチンギス・ハーンをまつる祭殿の祭祀を主宰してきた部族である。このためモンゴルの伝統儀礼とともに、古い時代からの「オルドス民謡」を今日まで伝え、他の部族のあいだでは、オルドスこそ「モンゴルの歌の海、踊りの世界」という評判が高い。また、チンギス・ハーンをまつってきたがゆえに、民族意識《ナショナリズム》もまた各段、強い。

なかでもスチンカンルは、オルドス地方では歌の名手として知られていた。オルドス民謡には、清朝末期から同地方へ進出してきた中国人（漢民族）農民による草原の開墾と、それに抵抗するモンゴル人遊牧民の独立不羈《ふき》の心情を主題にしたものが多い。

それはまた、モンゴルの歴史を後世に伝えるものとして、牧畜民は遊牧のときも、馬に乗って旅をするときも、人びとが集まる宴会の席でも、つねにうたい継いできた。だから歌のうまい人は「歴史の語り部」として、尊敬された。その意味からするとスチンカンルは、まさにこのオルドス高原の代表的な人物のひとりである。

しかも彼女はまたモンゴル最後の王女であった。すでに六十代のなかばを過ぎた元王女が、オルドス民謡をうたい、歴史を語るとき、彼女の瞳には青春時代をおもわせる光が宿っていた。楊は三日、四日と話を聞くうちに、若き日の彼女の姿を伝えるものがあれば、ぜひ見せてもらいたい、とのおもいにかられた。

「むかしの写真がありませんか。あったら、見せていただきたいんですが」

そう頼んだのは、辞去する当日だった。

「写真はたくさんあったんですが、ほとんど全部、文化大革命のときに焼かれてしまって。でも……」

と、いいながら、タンスの底から取り出した絹の小袋を開け、貴重品をあつかうように目の前に置いてくれたのが、一枚の小さな写真だった。

「のこったのは、これがたったの一枚……」

そういったスチンカンルは、遠い過去の日をおもいうかべたのか、心なしか目もとを細めたようであった。

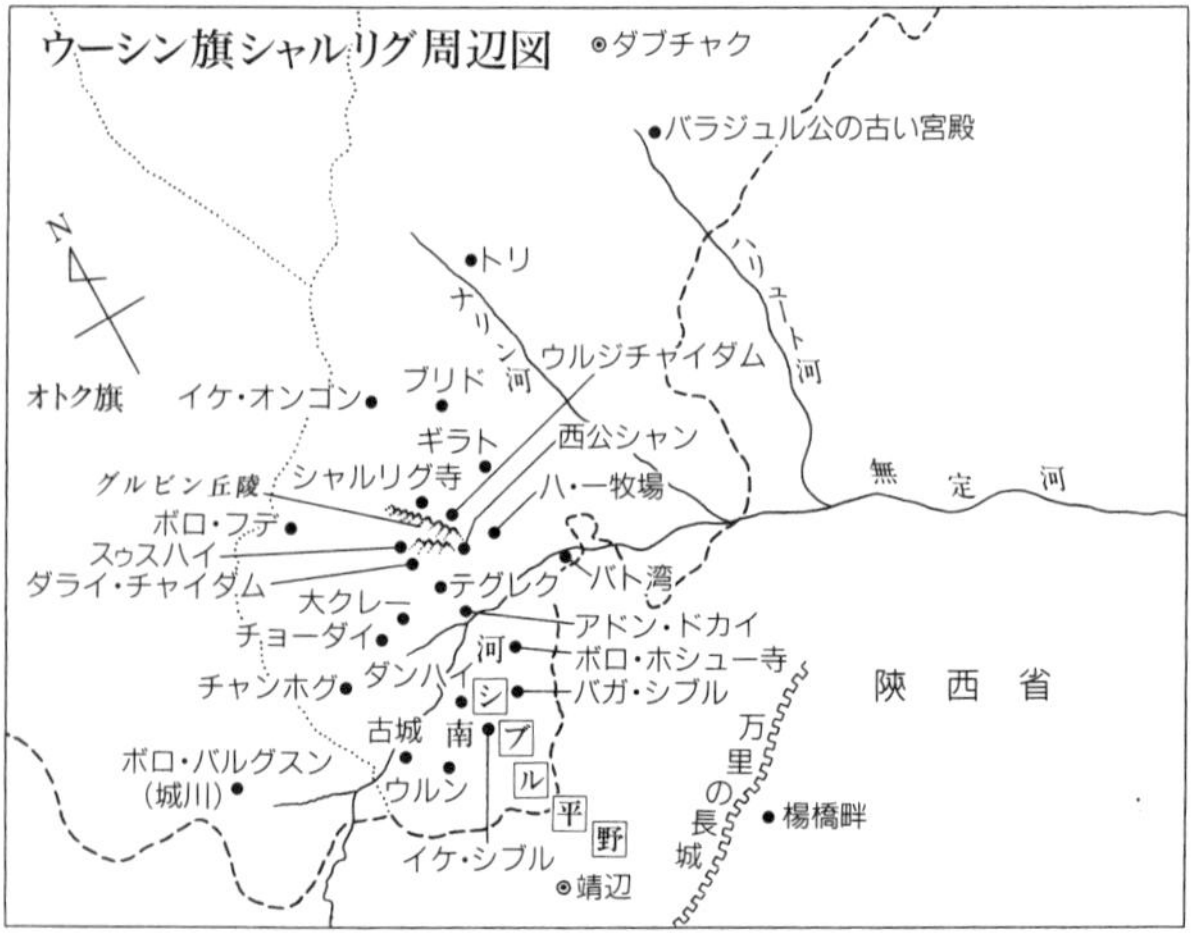

ウーシン旗シャルリグ周辺図
ダブチャク
バラジュル公の古い宮殿
N
トリ
ナリン河
ハリュート河
オトク旗
イケ・オンゴン
ブリド
ウルジチャイダム
ギラト
西公シャン
グルビン丘陵
シャルリグ寺
ハ・一牧場
無定河
ボロ・フデ
スゥスハイ
ダライ・チャイダム
テグレク
バト湾
大クレー
アドン・ドカイ
チョーダイ
河
ボロ・ホシュー寺
ダンハイ
陝西省
チャンホグ
シ
バガ・シブル
古城
南
ブ
万里の長城
ボロ・バルグスン
(城川)
ウルン
ル
平
野
楊橋畔
イケ・シブル
靖辺

第一章　黄金家族のたそがれ

チンギス・ハーンの末裔

王女、スチンカンルの生い立ちをたどる前に、まず地理学的な説明から入るとしよう。

内モンゴルとは、中華人民共和国の「内蒙古自治区」の通称である。西と北部で（外）モンゴル国と、東北部ではロシアに接する面積百十万平方キロメートルの地域で、自治区の首府は北京から空路約一時間のフフホト市である。

中国の「自治区」は「省」と同等の権限をあたえられた行政区画であり、行政府の長はその地区を代表する少数民族のなかから選ばれるが、実権を握る共産党書記は必ず中国人でなければならない。内蒙古自治区もそのひとつで、中国にはこのほかに寧《ねい》夏《か》回族《かいぞく》自治区、新疆《しんきょう》ウイグル自治区、広西壮族《そうぞく》自治区と西蔵《チベット》自治区の合計五自治区がある。

二〇一九年（令和元）九月時点で、人口約十三億に達している中国だが、約九一・

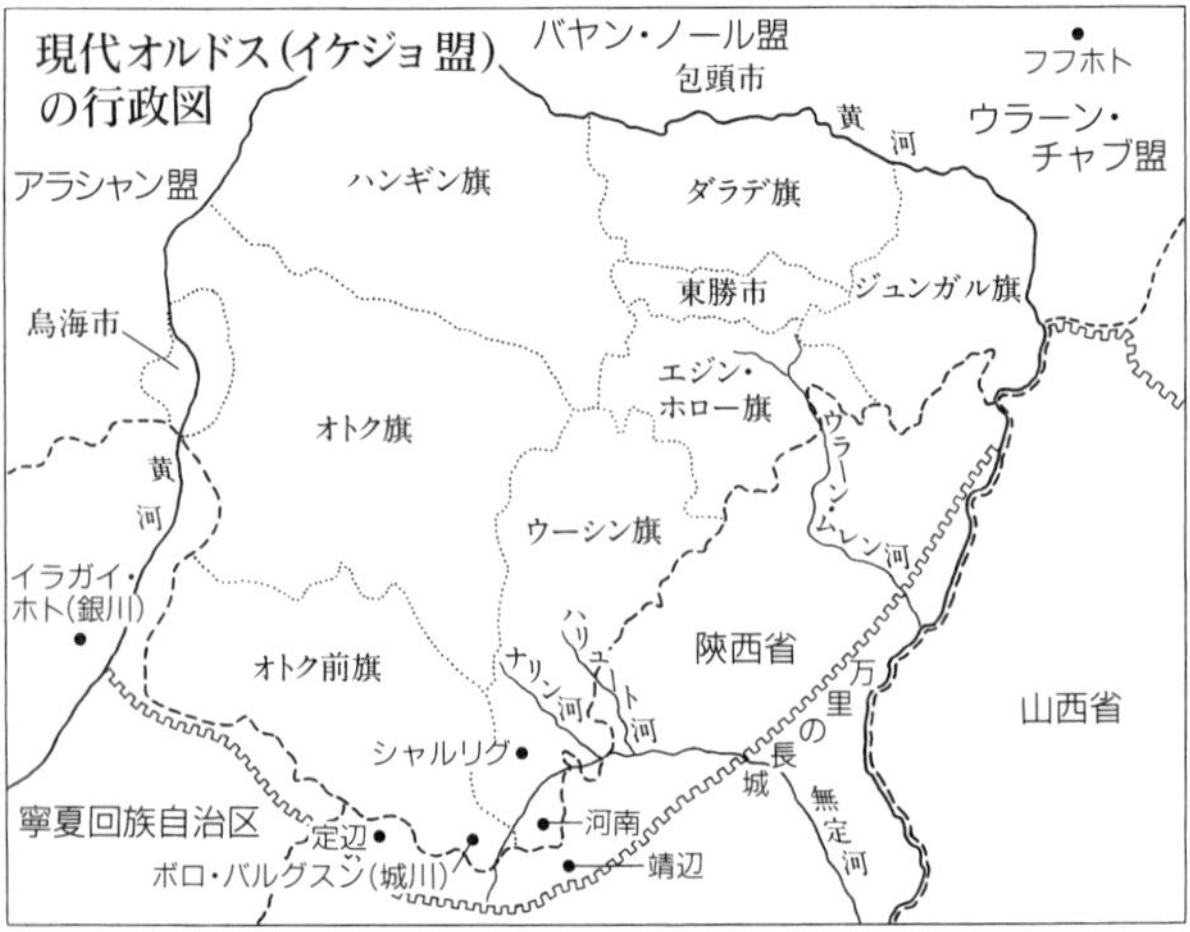

現代オルドス(イケジョ盟)の行政図

五パーセントを漢民族が占め、残りは五十五の少数民族から成っている。少数民族でも比較的に人口が多く、古くから居住密度の高い地域が自治区とおもえばいい。本書が描く文化大革命のとき、内蒙古自治区にはおよそ一五〇〇万弱のモンゴル人が暮らしていたが、中国から入植してきた中国人は一千三〇〇万人に膨れ上がっていた。自治区とは名ばかりで、あらゆる権力を外来の中国人に掌握されていた。

自治区の首府フフホトから西に百二十キロ、包頭《パオトウ》で汽車を乗り換え、黄河を渡って南へおよそ百キロ下ると、イケジョ・アイマク（伊克昭盟）の東勝《とうしょう》市に着く。アイマク（盟）という内モンゴルの行政単位は、日本の府県に相当する。東勝市はイケジョ・アイマクの盟（県）庁が置かれている同地方最大の都市である。

モンゴル人のスチンカンルが生まれ育った土地は、ここからバスで三百キロの道を西南に下ったウーシン旗《き》のシャルリグという村である。旗もモンゴル独特の行政単位で、日本の郡にあたるか。飛行機ではなく、北京駅から大同、フフホトを経由して包頭（京包線＝旧京綏線）、さらに東勝まで汽車を乗り継ぎ、そこから、夜は運転手も仮眠をとるという長距離バスの旅路をゆけば、三日半はかかる行程となる。

イケジョ・アイマクの一帯を、中国では古くから河套《かとう》地区と呼ぶ。大きく湾曲した黄河に囲まれているからだ。が、日本人にはオルドスといったほうが、とおりがいいかもしれない。世界史的にもまた、オルドスの方が広く知られている。

チベット高原の青海《せいかい》省から流れ下ってきた黄河は、甘粛《かんしゆく》省の蘭州《らんしゆう》で流れを大きく北へ変え、寧夏回族自治区の首府、銀川《ぎんせん》を貫流して、内モンゴルへと北上する。そしてイケジョ・アイマクを取りかこむように、凸の字の上半分の形さながらに蛇行し、山西《さんせい》省に南下する。

スチンカンルが生まれたウーシン旗のシャルリグは、このオルドス高原の最南端に近い。緯度からいえば、ほぼ北緯三十八度線上にある。南にはオルドス南部の大高原を深く切りひらいた無定河《むていが》が流れ、さらにその南はるか彼方には、陝西《せんせい》省との北を画する万里の長城がつらなっている。

写真1：天幕ゲルに住んでいた20世紀初頭のオルドス・モンゴル人。今やこうした風景は完全に消えてしまった。

秦の始皇帝以来、長城以南が中国農耕民族の領土で、北のモンゴル高原が騎馬遊牧民の地、と考えられていたとすれば、ここオルドスはつねに両者の勢力が相接する最前線でもあった。

モンゴル人の住居、とくに草原を拠点に遊牧する牧畜民の家は、解体、移動に便利なフェルト製の円形テントで、モンゴル語ではゲルといい、満洲人と日本人は包《パオ》と呼んだ（写真1）。だからモンゴル人の家と聞くと、たいていの人は「あー、あの、まんじゅう型のテントか」とおもう。

だが、いまのオルドス地方ではゲルが姿を消し、人びとは日干しレンガかレンガづくりの固定家屋に住んでいる。草原の一角にゲルがならび建っているとすれば、それは観光用の宿泊施設であろう。もっとも、内モンゴルでも東北部から中部の草原では、ゲルに住んで放牧生活を送るモンゴル人も少数ながらいる。

ところで王公貴族の住居を指す「オルド」には、十九世紀初頭から「シャン・オルド」と呼ばれる固定式の邸宅があった。オルドとは元来、宮帳、そして宮殿を意味するトルコ語で、モンゴル語ではハーン（汗）や王公の宮帳、あるいは祭殿を指す言葉になっている。シャンは中国語の「倉《ツァン》」に語源をもつ言葉らしい。ただし広いシャン・オルドの敷地内には、固定式の住居だけでなく、夏を過ごすためのゲルも建っていたのである。

オルドス高原の西部に、小高い二本の稜線が交差するグルビン丘陵がよこたわっている。付近の牧畜民は「二ひきの龍が球《たま》と戯《たわむ》れる、風水のいい《二龍戯珠《にりゅうぎしゅ》》の地」と呼んだ。丘陵の最南端《龍頭》からの見晴らしはよく、二十キロ南に無定河が東へ流れ、その南岸から長城まで、一望千里のシブル平野がひらけている。

清の光緒《こうちょ》二年（一八七六）、ここにシャン・オルドを定めたのは、スチンカンルの父方の曽伯父バラジュルだった。バラジュルはチンギス・ハーンが出たボルジギン部、つまり《黄金家族》の末裔である。祖先はチンギス・ハーンの十五代目の子孫、バトムンク・ダヤン・ハーンにさかのぼり、それから四代目ホトクト・セチェン・ホン・タイジの時代（十六世紀の末）に、のちの旗王家一族と枝わかれした家系である（図1）。

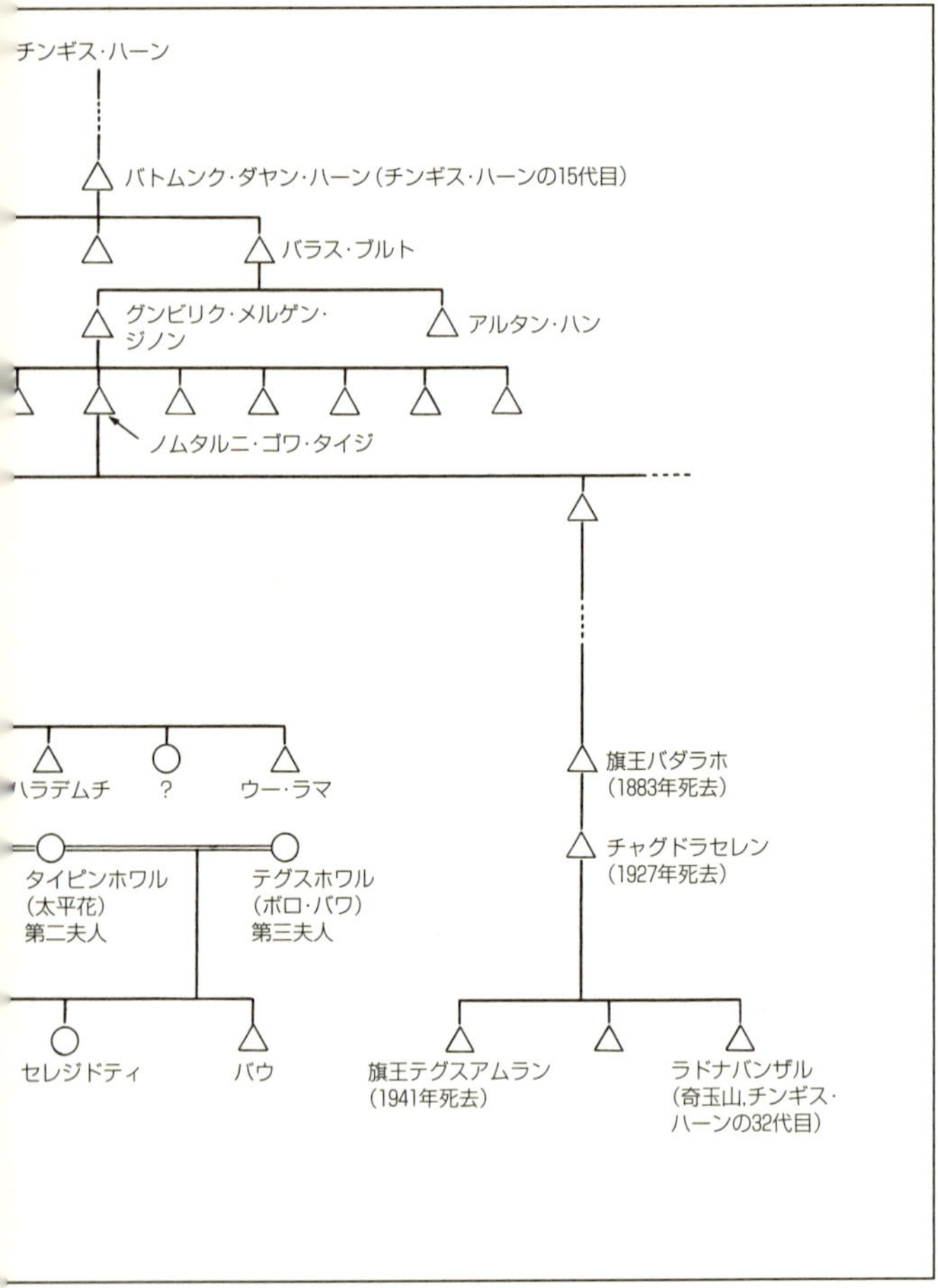

チンギス・ハーン
バトムンク・ダヤン・ハーン（チンギス・ハーンの15代目）
バラス・ブルト
グンビリク・メルゲン・ジノン
アルタン・ハン
ノムタルニ・ゴワ・タイジ
ハラデムチ
?
ウー・ラマ
タイピンホワル（太平花）第二夫人
テグスホワル（ボロ・バワ）第三夫人
セレジドティ
バウ
旗王バダラホ（1883年死去）
チャグドラセレン（1927年死去）
旗王テグスアムラン（1941年死去）
ラドナバンザル（奇玉山，チンギス・ハーンの32代目）

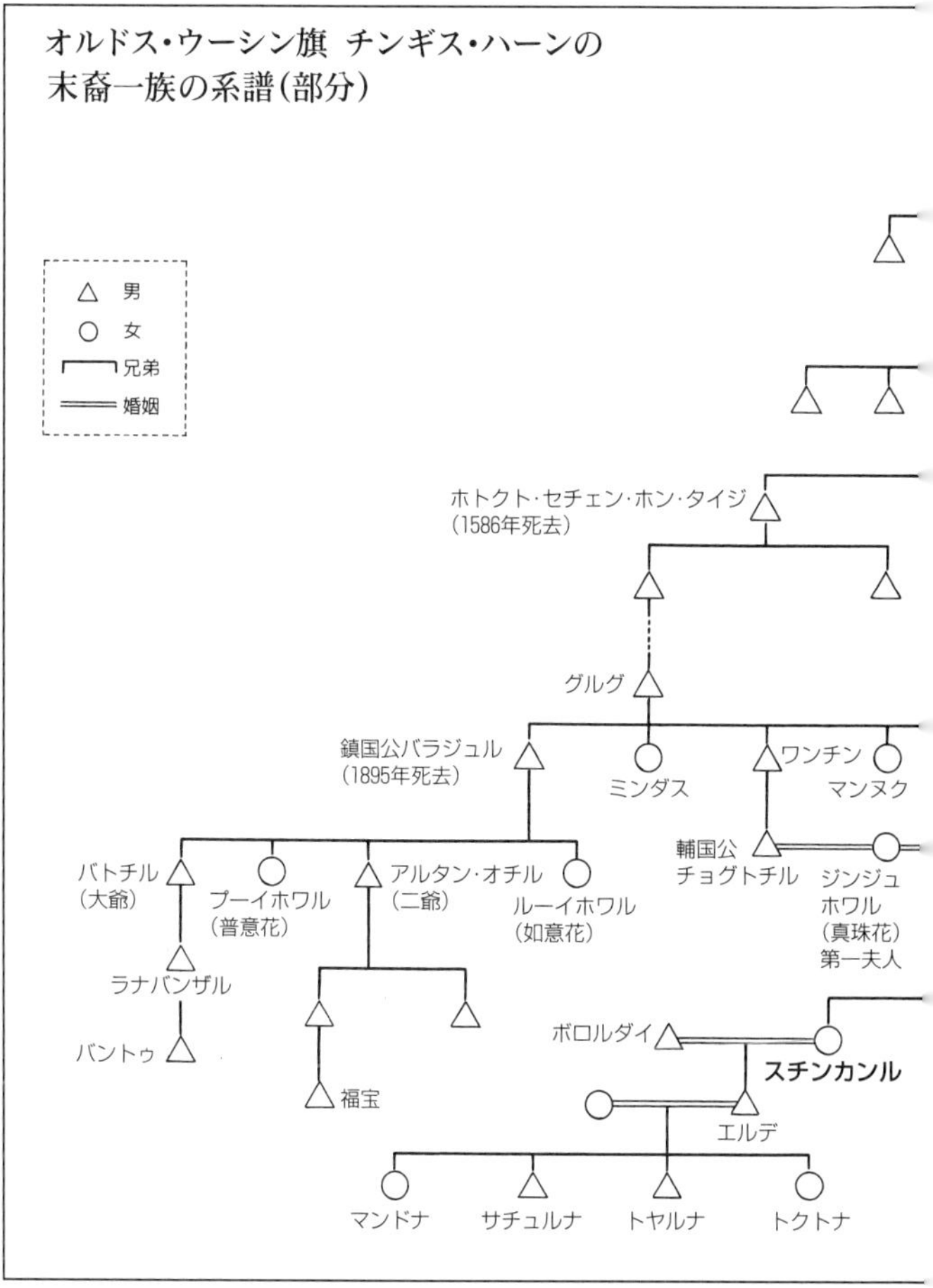

図1　オルドス・ウーシン旗に住むチンギス・ハーンの末裔一族系譜図（部分）。

元朝が大都と称した北京を追われてから、長城以北の地に勢力をはっていたモンゴル人の大元国《ダーユンウルス》が、満洲人の清に併合されたのは一六三五年のことである。オルドスの地も順治《じゅんち》六年（一六四九）から清の地方行政制度を適用され「六つの旗」に区分された。ウーシン旗は当時、オルドス右翼前旗と呼ばれ、行政長官である旗王にはチンギス・ハーンの直系子孫が、世襲制で清朝から任命された。初代の旗王はチンギス・ハーンから二十二代目のエリンチンである。

バラジュルが仕えていたウーシン旗王は、八代目にあたるバダラホである。このころ回回《フイフイ》（イスラーム）教に対する清朝の弾圧に抵抗する回民の蜂起が、各地でつづいていた。この回民一揆軍がオルドスに進攻してきたのは、同治《どうち》三年（一八六四）のことである（楊海英著『モンゴルとイスラーム的中国』文春学藝ライブラリー）。

一進一退の戦闘がくりかえされるなか、あいつぐ回民蜂起軍の略奪と牧畜民の逃亡で、ウーシン旗西南部は一時、無人の野と化すほどであった。しかし清軍の来援を得たバラジュルらウーシン旗モンゴル軍の勇戦で、同治十二年（一八七三）回民蜂起軍はオルドスの地から完全に駆逐される。この功績でバラジュルは、ウーシン旗西部をたばねるトサラクチ・タイジ（協理太子。副旗王に相当。タイジは中国語の「太子」に由来）に昇進し、清朝から世襲の鎮国公という爵位を授けられた。

このため牧畜民からは「西公《シークン》」さま、と尊敬され、そのオルドは以降「西公シャャン」

と呼ばれるようになる。

大清帝国の同治帝は回民蜂起軍の乱を鎮圧した旗兵に対し、白銀四十万テール（一テールは約三十七グラム、今の銀相場で四千円前後）を下賜した。これをバダラホ王と分けあった西公は、賞与の銀を自身の新オルド建設と、それまで小さかったシャルリグ寺（チベット仏教寺院）の拡張にあてた。このシャルリグ大寺は光緒帝から「瑞雲寺」の中国名をもらうが、おかげで賞銀は兵士らの手までとどかなかった（図2）。

西公シャンは、北京にある紫禁城の乾清宮《けんせいきゅう》を模して建てられている（図3）。同治帝から「宮殿の高さが乾清宮をこえてはならぬ」とされながらも、特別に許可されたものだった。北京から大工の棟梁らを招き、木材などの資材は陝西省から買いつけ、光緒二年（一八七六）に完成するまで三年かかった。それほど、イスラームの蜂起軍を鎮圧したモンゴル人貴族の軍功が、清朝皇帝から高く評価されていた。

敷地二千五百平方メートルの周囲には土塁をめぐらし、南北ふたつの庭園を結ぶ中心部に、乾清宮をかたどった中国式宮殿を建てた。これは龍の頭部を象徴している。

幅一メートル五十センチの土塁は版築《はんちく》で突き固め、表面にレンガをはって補強してあるが、これは龍のウロコを表したものかもしれない。門を入ると、龍のヒゲに見立てた四本の「スゥルデ」が立つ。スゥルデは、尚武の民族モンゴルの人びとを守護する軍神のシンボルでもある（写真2）。

図２　十九世紀末のオルドスのウーシン旗を描いた古い絵画。①はバタラホ王の宮殿で、②は王の菩提寺ウーシンジョ寺、③がシャルリグ大寺。出典：『図開勝跡』

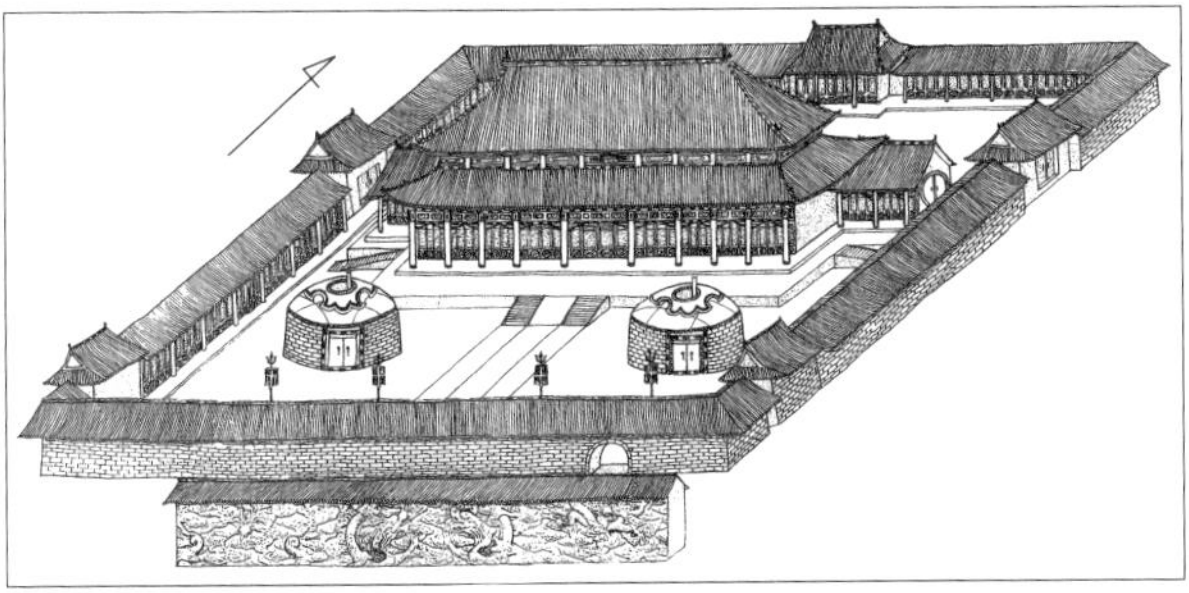

図３　西公シャン想像復元図。手前、庭園の入り口を隠すように立っているのが、影壁。宮殿に住む人たちの「福」が逃げないように、庭園の入り口と主殿の正門は一直線に配置されていない。主殿の南にゲルに似せた建物が建っている。庭内に立つ四本の旗がスゥルデ。東、西、北を回廊つきの脇部屋が囲む。ここで役人、従者が寝起きした。

写真２：固定建築の家屋バイシンに住むオルドス・モンゴル人（本書の主人公の息子夫婦と孫娘）。門前に軍神スゥルデが見える。1992 年春撮影。

一家の主人は朝夕、スゥルデに香を供え、チンギス・ハーンをたたえる「主の賛歌」を大声で唱えたという。遠い旅に出かけるときや、旗王の兵士として出陣するさいも、スゥルデに向かって安全を祈願した。

スゥルデのうしろが前部庭園だが、中国式の造園法には入り口に立っただけでは、なかの景色を見とおせない独特な工夫がこらしてある。北京の頤和園《いわえん》を訪れた人なら、たぶんご存じだろうが、園内にひろがる万寿山《まんじゅさん》と昆明湖《こんめいこ》の雄大な風景は、東宮門をくぐってもすぐには目にとびこんでこない。大湖石《たいこいし》と樹木を配した築山が目隠しの役目をしているのだ。

影壁《インピイ》といわれる目隠し塀も、同様のはたらきをする。西公シャンの庭園入り口には、この大きな影壁が立っていたという。

——これはアギト……龍の顎《あご》なんだって。

——へえー。たいしたもんですなあ。

「王様の宮殿があるものだ、素晴らしいシャンだ」

と、西公シャンを見た牧畜民はびっくりし、驚嘆の言葉を民謡に仕立てた。

そして宮殿までは、大理石をしきつめた道が延びている。宮殿は龍の頭にあたり、西公の執務室、書斎、応接室、大小の宴会場があった。宮殿南側には東西に通ずる柱廊下があり、その両端の通用門は、壁を満月状にまるくくり抜いた「月門《ユエメン》」で、そこから前後部の庭園へ出られるようになっていた。

柱廊下の手前には、ゲルの形に似せて、夏のあいだだけ使う円形の建物が、左右対称に二棟ある。ふつうの天幕ゲルは、斜め格子に組んだ木でまるい外枠をつくり、その上からフェルトを巻いて壁にするのだが、この建物の外枠はレンガ積みであり、天井だけにフェルトを用いてあった。

宮殿の天井のまんなかには、開閉自在のまるい穴がもうけられている。これは夜間の冷気を室内にみちびく《エアコン》である。東、西、北は回廊つきの脇部屋が囲んでいた。龍の首に相当する後園部には、公と夫人らが寝室や居間に使う私邸が建っていた。

宮殿から西へ百メートル離れて、レンガづくりの穀物倉庫と、十五頭の馬をつなげる屋根つきの厩舎、さらに馬夫の宿舎などもあった。西公シャンは規模と豪華さの点で、バダラホ旗王のシャン・オルドをはるかにしのいでいたといわれる。

夏は壮大な丘陵をおおう草原の緑に、冬は一面の白い雪に映える丹塗《にぬ》りの中国式宮殿の威容は、まさにオルドス高原ウーシン旗西部の権力の象徴でもあった（写真3）。

バラジュルらウーシンの有力な王公貴族は、「チンギス・ハーンの末裔」という血統上の優越感と、清朝皇帝からあたえられた政治的特権という二重の権力を、牧畜民に誇示していたのである。

写真３：ベルギーからの宣教師のレンズに収まった西公シャン。

内婚制で迎えた第三夫人

協理太子《トサラクチ・タイジ》としての西公家の栄華は、このころから十数年つづく。光緒九年（一八八三）十二月に旗王、バダラホが死ぬと、バラジュル公の胸に、ウーシン旗からの独立計画が芽ばえてくる。西に隣接するオトク旗にも勢力をのばす一方、清朝政府の高官に賄賂をおくるなど、その後十年におよぶ工作をつづけたが、光緒二十一年（一八九五）に、ことが露見する。

バラジュル公の独立計画をかぎつけたのは、ジャムソというウーシン旗のラマ僧だった。かれはオルドス各旗の旗王に監督権をもつ評議会、ともいえるチョーラガン（会盟）のダー（長官）に、バラジュルを密告したのだ。ダーは、清朝政府が旗王のなかから持ちまわりで任命する終身制の官職であった。

当時のチョーラガン・ダーを兼任していたジュンガル旗王は、バラジュル公と、訴え出たジャムソの両者を会盟の法廷に喚問し、真相を明らかにしようとした。しかし召喚状が西公シャンに届くより前に、ジャムソは独立計画の支持者らに捕らえられ、沙漠に生き埋めとなって命を断たれる。

ジャムソの殺害はバラジュル公の意思ではなかったかもしれない。だが、ことここに至ってチョーラガンの法廷が開かれれば、西公家はとりつぶされるし、鎮国公の爵位まで失うおそれがあった。バラジュルは自決を決意する。

モンゴルの王公の地位は男系相続である。バラジュルには幼い息子がいたが、かれは後難をおそれて息子ら家族を他の地に移し、甥のチョグトオチルに副旗王位《トサラクチ》をゆずってから、金の指輪をのみこんで自殺したと伝えられる。チョグトオチルは若いながら、西公シャンを継ぐだけの力量があるとして、一族の信望も厚かった。

この事件がなければ、スチンカンルの父親チョグトオチルが、西公の後継者に選ばれることはなかったろう。このときチョグトオチルは二十二歳だった。

いささかまわり道をしてきたが、スチンカンルが西公家のアブハイ（王女）として生まれるには、なお三十二年の歳月がある。この間、清朝のラスト・エンペラー宣統《せんとう》帝溥儀《ふぎ》が退位し、一九一二年に中華民国臨時政府が成立する。北京の袁世凱政府は清朝の旧制にしたがい、モンゴルの王公貴族がもつ政治的特権と俸禄をそのまま維持した。しかし外モンゴルの独立(一九一一年十二月)にともなう混乱、中国人軍閥や土匪の横行、中国人農民の入植による放牧地の減少など、オルドス一帯の衰退とともに、西公チョグトオチル家も没落への道をたどりはじめる。

その一例を挙げてみよう。

一九一六年六月、ウーシン旗南部から陝西省北部を荒らしまわっていた中国人軍閥の蘆占魁部隊が、西公シャンを襲撃した。このころのウーシン旗は、所管のモンゴル軍を解散しており、西公シャンにも軍備はなかった。この蘆占魁という男は孫文や大本教の教主、出口王仁三郎とも付きあいがあった。

無抵抗の屋敷になだれこんだ兵士らは、金銀はじめ金めのものを求めて、宮殿内の部屋はチョグトオチルの執務室といわず、夫人らの寝室といわず、さらには従者の宿舎から屋敷内に建つ倉庫の隅ずみまで、所かまわずさがしまわった。

チョグトオチルの代になってからは使用されていなかったが、その倉庫のひとつに、バラジュル公が弾薬倉庫に使っていた建物があり、どこかに火薬の樽でものこっていたのだろう。兵士が吸っていたタバコの火が引火し、兵士数人と、チョグトオチルの長女（スチンカンルの異腹の姉、写真4）ら、従者をふくめた西公シャンの十三人が、巻き添えとなって焼死した。

略奪を終えた軍閥蘆占魁部隊は、西公チョグトオチルを人質にとって逃亡し、その途中、ウーシン旗王のシャン・オルドを襲い、さらに北上した。チョグトオチルが解放された場所は、オルドスの北東部、包頭に近いダルト旗領内の黄河のほとりだった。かれは牧畜民から手に入れた裸のラバにまたがり、そこから数百キロも離れたウーシン旗まで、やっとのおもいでたどりついた。

中華民国の成立以来、モンゴル軍が、編成を解かれていたために起きた事態であり、その後自衛用に少数ながら旗兵軍が再編された（楊海英著『モンゴル人の中国革命』ちくま新書）。

それでもスチンカンルが生まれた一九二七年には、まだむかしの面影を伝える西公シャンの屋敷がまえはのこっていた。

この年、日本は大正から年号が変わったばかりの昭和二年。三月中旬には京浜地方で取り付けさわぎから休業する銀行が続出した。四月にはさわぎが関西にも飛火し、鈴木商店事件をきっかけに株価が暴落するなど、世界大恐慌に先立つ不況のさなかにあった。

スチンカンルは、父チョグトオチルの第三夫人、ボロ・バワを母として誕生した。モンゴルでは王公の夫人を「ガトン」という敬称で呼ぶ。チョグトオチルには正夫人（大ガトン）のジンジュホワル（真珠花）（写真5）と、第二ガトンのタイピンホワル（太平花）がいたが、いずれの夫人にも男の子がなかった。大ガトンとのあいだにできた

写真４：宣教師が撮ったチョクトチルの長女。

写真５：チョクトチルの正夫人ジンジュホワル。

写真６：チベット仏教の仮面踊りチャム。1991年夏撮影。

ひとり娘は、地方軍閥の来襲で亡くなった。男系相続をしきたりとする社会では、江戸時代の大名がそうだったように、どうしても男の後継ぎがほしい。

ボロ・ガトンはチョグトオチルが五十歳のとき、一九二三年に迎えた三番目の妻である。十八歳の、うら若き娘、ボロ・バワに白羽の矢を立てたのは、ほかでもない正夫人の大ガトンであった。

毎年、陰暦の六月十日には、シャルリグ寺でチャム（跳鬼）踊りがもよおされる。チャム踊りは美しい服を身にまとった踊り手が、鬼面や獣面など、奇怪な仮面をかぶり、跳びはねて踊るチベット起源の悪霊払い、勧善懲悪の舞である（写真６）。

娯楽の少ない当時だから、寺院の祭礼には、草原の奥地からおおぜいの牧畜民がおしかけてにぎわう。このシャルリグ寺は先代のバラジュルが再建した寺であり、広場には宮殿様式で建てられた一族専用の特別観覧席もあった。

チャム踊りはまだはじまらない。正面の席についた大ガトンの耳に、眼下の広場につめかけた群集の興奮が伝わってくる。

と、そのとき、ひとりの美しい娘の姿が目にとまった。

――あのこは、どこのこかしら、お供を連れているけれど。

いいところの娘とみた大ガトンは、侍女に命じた。

「あそこに立っている娘、……そう、あの、きれいなこ。どこの娘が聞いてきておくれ」

ウーシン旗西部の大富豪であり、詩人としても知られるアムルジラガルの娘ボロ・バワと知った大ガトンは、彼女を特別席に呼びよせた。

このころ、モンゴル人の財産は家畜であり、馬の飼育数が多いほど富豪とされた。同じ馬でも、十頭に一頭ぐらいしかいない「白馬」の数で、その財力を判断された。

アムルジラガル家には、白馬が千頭以上いたといわれているから、馬だけでも一万頭の所有主である。千頭以上もの馬の持主は、ユーラシアの遊牧民の世界では、突出した金持ちになる。そんな家庭に育っただけに、ボロ・バワは大ガトンの前でも、物怖じしなかった。問われたことにハキハキと答えながらも礼儀は失わず、品のよさがうかがえる。

ひと目ぼれ、といってはおかしいが、

――このこなら、夫のアビスン（妃）にしても、きっとつとまるはず。

と、後継ぎを産んでくれる娘をさがしていた大ガトンは目を細め、嬉しさをかくしきれなかった。

西公シャンの屋敷に戻ると、彼女はさっそく夫にすすめた。

「あなた、きょう、チャム踊りでいい娘さんをみつけましたよ。どうでしょうね。ほんとにいいこで、気に入ったの。アビスンにしたらどうかしら」

「娘？　歳は？　わしは、もう数えで五十一だぞ」

いくら正妻のすすめとはいえ、としの開きに照れを感ずるチョグトオチルだった。男の子をほしがる妻たちの気持ちはわかる。が、そうかといって、十八歳ではいくらなんでも若すぎる。

かれは第三ガトンを迎えるなら、シャルリグの北三十キロのトリに住む、ある未亡人をと考えていた。まだ三十を過ぎたばかりで、色香もあせていない女の姿をおもい浮かべていた。

「それにアムルジラガルは、ガダギン部の出身だぞ。ボルジギン部のわしらと、通婚はできん」

かれは血統をもちだして反対した。

ユーラシアの遊牧民族は古来、父系外婚制である。同一氏族内の結婚は原則として認められない。ガダギンとボルジギンでは氏族こそちがうが、遠い祖先はともに、神話上の女性神「聖アルン・ゴア母《ぼ》」から生まれたとされている。その意味で両者は同じ神聖な血をひく高貴な家系として、これまで通婚はできなかったのである。

「そんなことといって……あなたはトリの女のことを考えているんでしょう。そんな身分の低い女は、どんなことがあっても、ハーン家の血筋には、入れられませんよ」

同じ血統といっても七百年もむかしのことである。むしろ高貴な家系同士の結婚のほうがいいではないか。なんどもそう説得され、しぶしぶ承知したチョグトオチルだった。が、ボロ・バワがもうけた第一子は、周囲の期待もむなしく女児であった。このとき、父チョグトオチルが五十四歳、母ボロ・バワ二十二歳。

ボロ・バワはチョグトオチルの第三ガトンにむかえられたとき、西公家のしきたりから、正式にはテグスホワルという名前に変わった。だが、牧畜民たちからは相変わらず、むかしの名をとった「ボロ・ガトン」の愛称で呼ばれつづけた（写真7）。だからここでは彼女をボロ・ガトンの名で呼ぶことにしたい。

としをとってからの子どもほど、可愛いものはないという。チョグトオチルはウーシン旗西部に領地をもつ副旗王《トサラクチ》として、旗王の行政事務を補佐しながら、自領の管理にあたるという政務のあいまに、娘の成長記録を記した。それでなくてはスチンカンルの誕生日が、西暦一九二七年の〈九月九日〉だったと、その日にちまで正確に知ることはできなかったにちがいない。

このころのモンゴル社会の戸籍制度では、子どもの誕生日を氏族の系図に記載することはなかった。満一歳の誕生日を祝うだけで、そのあとは、親も子も誕生日など気にかけない。おぼえているのは雨の少なかった五月に生まれたとか、暑さがのこる十月だったとかいう、オルドス暦による月だけである。

写真7：ボロ・ガトンが1950年代に撮った一枚。立っている女性は本書の主人公スチンカンルの妹セルジドティ。

だが男児の場合は、満十三歳をむかえた生まれ月に、その子の名を一族の系図に書きくわえる。これはモンゴルの成人式であり、それ以降は、戦争のさいに出陣の義務が課せられる。女児は系図には記載されないが、一人前の娘として祭への参加が許された。

オルドス地方にのこったこの特別な古い暦は、正月を「白い月」と呼ぶ。白い月は陰暦の一月と同じだが、そのつぎの月は二月ではなく、なぜか「五月」という。

これは大モンゴル帝国をきずいたチンギス・ハーンにまつわる伝説に由来する。

かつて中国北部に覇をとなえた女真族《じょしん》の「金《きん》」と、東南方へも勢力を伸ばそうとするチンギス・ハーンのモンゴル族は、果てしない戦闘をくりかえしていた。しかしモンゴル軍が進攻の兵を起こすのは、秋以降から冬のはじめにかけてがふつうだった。樹木は葉を落とし、田畑はとりいれ後で遠望ができ、伏兵の奇襲をうける心配が少ないこと。河川も凍ったり涸れたりと、騎馬軍団の進撃に便利なこと。さらには収穫がすんで、豊富な略奪物が期待できるためといわれる。

ある年の冬、チンギス・ハーンは金王朝に「来年五月に決戦をいどむ」との親書を送り、交戦条約をむすんだ。これに安心した金朝側の準備がととのわない翌年二月、かれは一斉攻撃をしかけて大勝利をおさめた。

条約無視をいかった金朝の非難に、チンギス・ハーンは「モンゴルの慣習では、白い月のつぎが五月だ」とうそぶいたという。以来、その戦勝を記念して、正月の翌月を五月とするオルドス暦が定着したそうだ。

ともあれ五、六……と、十月（陰暦七月）までは順に数え、あとは家畜の受胎、出産など牧畜作業にあわせた特殊な呼び方をする。陰暦八月に相当する月はトゥルーン・クールル（はじめの受胎月）、ついでスゥリーン・クールル（最終の受胎月）、ホビ（気候が冬型になる変化月）、カラ・ホジル（水が岩塩のように凍る黒塩月）、ウールジン（繁殖月）となる。一部の研究者によると、古いオルドス暦は、かつてモンゴル人が秋の九月を歳首としていた時代の名残だという。

オルドスでは、一九六〇年代に生まれた若い世代でも、自分の生年〈月日〉を正確に知っている者は少ない。一九九四年の秋、広島で開かれたアジア競技大会に近東から参加した選手の一部に、生年は知っていても月日は忘れた、という人がいて日本人を不思議がらせた。モンゴルだけでなく、ユーラシアの遊牧民社会の伝統がのこる地域では、それが当然のことと受け入れられてきたのだろう。

その点、スチンカンルの生年月日がハッキリしているのは、もちろんオルドス暦をいまの暦に換算してのものだが、きわめて珍しい例といっていい。

ここで、オルドスでの出産慣習にふれておこう。話は日本の神代にとぶが、神武天皇の父・ウガヤフキアエズノミコトの名は、海辺にもうけた「うぶ屋」の屋根が、ふき終わらぬうちに生まれたため付けられた、と『日本書紀』にあり、出産用に別棟をしつらえる慣習は、古代の日本にもあったことがうかがえる。

オルドスではいまもなお、このしきたりがのこっている。しかも出産には「産みのケガれ」があるとされ、母屋からみて、しも手にあたる東南方向に建てるのである。西公家では宮殿の東南にある丘の下に、天幕ゲルをひと張り建ててうぶ屋にした。

男児が生まれたら、ゲルの扉の上に弓矢を、女児であったら赤い布切れをかかげて合図とするが、産婦は産みのケガれがとれるまでの一カ月、そこにこもって暮らす。産室に出入りできるのは、限られた家族と召使だけであり、外部の者の立ち入りはいっさい禁止される。

当時、西公家では、生まれた子どもがなかなか育たず、乳幼児期の死亡が多かった。死に神にとられないようにするには、生まれたことをかくすしかない。

スチンカンルは、チョグトオチルのアブハイ（王女）ではないぞ、と、まずは中国人の「趙《ちょう》家の娘」にされた。生まれた子をいったん、他家の軒さきへ捨てて死に神と縁を切り、そこの家の子どもとして育てるのである。こういう風習は、明治時代までの日本にもあった。

名門西公シャンの没落

スチンカンルについで待望の男児バウと、妹のセレジドティが生まれるが、このころの東亜の風雲は、

一九二一年　中国共産党結成。

二三年　第一次国共合作。

二四年　モンゴル人民共和国誕生

二五年　内モンゴル人民革命党結成
二六年　国民党の北伐開始。
二七年　国共分離、南京国民政府樹立。
二八年　張作霖の爆死。
三一年　満洲事変おこる。
三二年　満洲国建国宣言。

と、急を告げ、モンゴルの政情にも大きな影を落とす。オルドス高原のウーシン旗もその例外ではなかった。

旗王家の王位をめぐる内紛と勢力争い、内モンゴル人民革命党軍の成立、中国人地方軍閥の来襲後に再編されたウーシン旗の軍権掌握をめぐっての内戦、それらの混乱に乗じ、東北からは国民政府軍の進出、南からは共産党勢力の浸透と、チョグトオチルの手にあまることが多く、人質として拉致された例でもわかるように、西公家の権威は急激に低下してゆく。それは、かれの老いの衰えにも似ていた。

父親チョグトオチルが病没したのは一九三五年のことであり、スチンカンルはやっと八歳だった。西公シャンの家屋敷だけはのこったが、財産となる家畜は少なかった。チョグトオチルは蓄財に関心がなく、しかも一九二八年からの大旱魃で、家畜数が激減していたからである。オルドスではこの年の大旱魃を「民国十七年の大災《ジョド》」と呼び、いまもなお老人らに語り継がれている。

チョグトオチル亡きあとの西公シャン家にのこされたのは、大ガトンと養女のルワディ、それにボロ・ガトンらスチンカンル一家だけであった。第二ガトンはすでに病死していた。やとい人も、ふたりの老人をのこして暇をとり、あとの働き手といえばボロ・ガトンと、ルワディのみになってしまった。栄光の消えた《黄金家族》は、黄昏《たそがれ》を迎えていた。

スチンカンルら三人の子どもを育ててゆくには、バターやヨーグルトの原料となる乳をしぼれる牛の数が足りない。旗王から子連れの雌牛一頭をもらい、さらにはオルドスに進出し、ウーシン旗内で不法放牧をしていた金持ちの中国人から、乳牛五頭の飼育を請け負い、しぼった乳を飼育代にもらって、その日を送るのがやっとだった。

そのころのウーシン旗は、ムンクウルジという東部出身の男が、旗王を自らの傀儡《かいらい》に仕立て上げ、軍と政治の両大権をほしいままにしていた。かれは軍の指導部を東部出身者で固めていたが、西部出身としてただひとり、ナソンデレゲル（中国名・雷寿昌）という男が秘書の役についていた。

ムンクウルジの東部重視政策に、日ごろ不満を抱いていたナソンデレゲルは、一九三五年（昭和十）三月、ムンクウルジを追放するクーデターに成功して軍権を握った。地域間の対立の背景には、氏族同士の紛争があった。当時、氏族ごとに放牧地が異なっていた。追われたムンクウルジは、各地を転々としたのち、日本軍占領下の包頭にはしり、モンゴル独立を夢見るチンギス・ハーンの末裔、徳王がたてた「モンゴル軍政府」の幕僚となる。

これに対してナソンデレゲルは親共産党派として知られ、かれものちに別の勢力が台頭すると故郷を追われた。中国の延安に亡命してからは、毛沢東のあつい信任を得た人物だが、もとは西公シャンから十キロほど南東のナリンゴル地方に住み、まじないで雷を誘導するというシャーマン（呪術師）集団の出身であった。そのため、雷寿昌という中国風の名前も併せ持っていた。

そのナソンデレゲルが、ウーシン旗の軍権を握ると、チョグトオチルのいなくなった西公シャンを、軍営本部に借りたいとボロ・ガトンに申しいれた。

没落したとはいえ、チンギス・ハーンの血を伝える家系である。その屋敷を、

「兵舎に提供せよ」

と、いわれては、ボロ・ガトンの眉もくもらざるをえなかったろう。

――でも、息子のバウはまだ幼い。息子を立派に育てあげ、ハーン家の栄光をとりもどすまでは我慢しなければ。

それまでは、どんな屈辱にも耐えようと彼女は決心した。そこが、現実に生きる女性の強さだったが、彼女の望みがかなえられる未来はなかった。中国各地での戦乱が

おさまるまで、西公シャンには、ときには国民政府軍が、あるいは共産八路軍が、駐屯地をかまえるのである。

一九四〇年ころであったろうか。スチンカンルが乳しぼりを手伝えるようになったとき、西公シャンの一角に小学校ができた。ウーシン旗西部の親中共派王公貴族のひとりで、ナソンデレゲルと親交のあった奇国賢《チイクオシエン》（モンゴル名・ドブチンドルジ、写真8）が建てたものだが、学校とは名ばかりの、生徒十人足らずの私塾に近い。シャルリグの裕福な家庭の子どもたちが通っていた。奇国賢は開明的な人物で、中国共産党だけでなく、オルドスで布教していた西洋からの宣教師たちとも積極的に交流していた。学校は、宣教師たちが作った、宗教学校を模倣したものだった。

スチンカンルも教室に座りたかったのだが、

「女の子でしょ。こんな世の中がさわがしい時代に、勉強なんか、たいして役にはたちませんよ」

と、母親から相手にしてもらえなかった。

教師は陝西省、楡林《ゆりん》からきたモンゴル語のできる党子秀《ようししゆう》先生。ひとりで国語（中国語）、算数などを教えた。党子秀という男は、中国共産党のスパイで、モンゴル人貴族の実態を調べるために、オルドスに来ていた。

スチンカンルはなんとかして勉強をしたかった。毎朝、授業時間が近づくと彼女は、「廊下の掃除をするからね」と、母に告げてから、教室外の廊下にたたずむ。そうやって党先生の授業を盗み聴くのだった。掃除の音がやんだ途端、母に叱られるのがつねだったが……。

向学心があっただけではない。頭がよかったのだろう。夜になるのを待ちかねては、党先生の部屋へおしかけ、《廊下授業》でわからなかったところを質問した。先生はアヘンをくゆらせながら、ていねいに教えてくれた。そして員数外の生徒の優秀さに驚くのである。

「いやー、奥《ガトン》さま。スチンカンルは天才ですぞ。学校にやったら、どうですか……」

党先生は、しきりに母親のボロ・ガトンにすすめた。

「ボロ・バルグスンに学校ができましてな。モンゴルの若い者を募集していますがな。どうでしょう」

「……」

「まあ、中国共産党のつくった学校ですが。それでも、ええじゃないですか。スチンカンルも喜びますぞ」

ボロ・バルグスンは、西公シャンから西南へ五十キロ離れたオトク旗南部の町だ。中国地名では城川《じょうせん》と書く。もともとここには一八七三年ころからベルギーからの宣教

写真8：貴族ドブチンドルジ。

写真9：1910年代にボロ・バルグスンに設置された宗教学校で学んでいたモンゴル人児童たち。宣教師たちの記録である。

師たちが活動し、モンゴル人のために学校を作って布教していた（写真9）。中国共産党はそのような学校を接取して思想教育を強化していた。モンゴル人貴族の奇国賢は宣教師たちとも、中国共産党とも、行き来していた。

だが母親は、頑として、そのすすめに応じなかった。共産党への強い不信感があったからである。なによりもまず、町の学校へ行かせるには、寮費や食費など金がかかる。そのうえ働き手がひとり減る。少女期をむかえたばかりのスチンカンルは、まだかたい蕾ながら、美しさを底に秘めて育っている。それも、母としての心配といえた。

先にもふれたとおり、モンゴルの成人式は十三歳と早い。日本の武家社会では、男児は十五歳前後で元服したが、ここでは男女ともに成人式年齢になると、おとななみに扱われるのだ。

ついでにモンゴルの通過儀礼にふれておこう。最初は誕生満一カ月の「満月祭」、これは母子が別棟のうぶ屋を離れる儀式にもなる。つぎが満一歳の「周年祭」で、周産期死亡の多かった遊牧民には、子どもが死に神の手からのがれた、ひとつの節目を祝う行事だったろう。

それからは誕生日の日にちを、問題にしなくなることはすでに説べた。つぎが十三歳の成人式、そして結婚式と葬式になる。

共産党のアヘンと小銃

さて――。党先生はアヘンを吸っていた。清・道光《どうこう》二十年（一八四〇）のアヘン戦争以来、その害毒に泣いてきた清朝と中国。百年後のオルドス高原でなぜ、それほどアヘンが出まわっていたのか。それは中国共産党の内モンゴル進出史と、からみあっていたようである。

毛沢東のひきいる紅軍は、国民政府軍の追撃をのがれて長征を開始し、一九三五年（昭和十）、陝西省奥地の呉起鎮《ごきちん》に根拠地をかまえた。延安に移るのは一九三七年一月一日である。同省北部とそれに接するオルドス高原、さらに北の外モンゴルは、当時のソビエトやコミンテルンとの、重要な連絡ルートになっていた。

三七年七月七日、北京郊外の蘆溝橋に端を発した日中戦争は、内モンゴルまで拡大し、秋には包頭が日本軍に占領される。こうして抗日統一戦線を目指した第二次国共合作がなるが、延安の後背地オルドスの確保は、毛沢東の共産党にとって、重要な戦略のひとつとなっていた。

もっとも、共産党の工作員がウーシン旗南部で活動をはじめたのは、一九二五年ころと早く、スチンカンルの父チョグトオチルが死亡した当時には、入植中国人を党員とする党支部もできていた。ただしモンゴル人は、中国共産党がはじめて接する少数民族のひとつであった。だから、モンゴル人上層部に接近し、中層部と団結し、下層部を獲得する《接近、団結、獲得》の三方策をとり、接近には武器とアヘンの提供をちらつかせたのである。

モンゴル人には親しい友になると、贈りものを交換して、アンダ（義兄弟）の契りをむすぶ風習があった。アンダとなるふたりは、証人として呼んだ親族や友人の前で、たがいに指を突いて流れ出る少量の血を、酒をついだ杯に垂らして飲みかわし、将来助けあうことを誓う。しかも、この間柄《あいだがら》は非常に重視されるとあって、共産党が軍や旗の大権をにぎる上層部と接近するには、かれらとアンダをむすぶのが先決だった。

当時の軍事委員会副主席、周恩来も、延安から派遣する党幹部には「モンゴルの実力者とは、必ずアンダをむすべ」との指示を与えている。

当時、紅軍第二路騎兵縦隊の領袖だった張愛萍《ちょうあいひょう》（のちの国防部長）、高崗《こうこう》（中央委員、のちに除名され自殺）、毛沢民《もうたくみん》（毛沢東の弟）、宋仁窮《そうじんきゅう》（十二期中央政治局委員）、張徳生《ちょうとくせい》らも、西公シャンに駐屯していたナソンデレゲルとアンダをむすんだ。共産党の贈りものは、いつも小銃とアヘンだった。

アヘンの吸引は、上層部の旗王から、下層部の牧民にまでひろがる。それまで陝西省北部だけでアヘン栽培を奨励していた共産党は、一九四〇年（昭和十五）春から、ウーシン旗に入植していた中国人農民にも栽培をすすめた。西公シャンの高台から一望できたシブル平野の大草原は、その年、全域にケシの花が乱れ咲くアヘン栽培地に一変した。

ケシの生育には豊富な水が欠かせない。無定河南岸のシブル平野は、あちこちに水たまりがある湿地帯で、条件はきわめてよかった。ケシの栽培を指導した共産党幹部のある回想録で、その実態をながめてみたい。

——ケシの生育ぶりは実によかった。栽培に参加する農民も多く、われわれはこの機会を利用して、党の宣伝工作と組織工作に全力をあげた。まず五、六人を入党させ、支部も設置し……（中略）。

国民党反動派の辺区封鎖政策をうちやぶり、革命根拠地内の軍民生活と党政機関の費用を解決するため……（中略）。連年の豊作で、革命に対する貢献は大きく、人民の生活が改善できた。人民大衆は共産党を称賛し、擁護するとちかった。中国共産党ウーシン旗工作委員会は、ケシ栽培地の管理委員会をもうけ……（中略）。

旗東部の牧民だけでなく、旗兵らもこっそりアヘンを買いにくるようになった。われわれはいつも、かれらを満足させた。ケシの栽培でわが党の影響力が拡大し、抗日統一戦線を強めることができた。

一九四一年（昭和十六）になると、ウーシン旗の牧畜民約一万のうち、男女を問わず半数以上がアヘンを吸うようになる。シブル平野にアヘンと家畜の交換マーケットができ、一両《イイリヤン》(五十グラム)のアヘンが羊三頭、二両ともなると、馬か牛一頭が相場になった。たしかに入植中国人《人民》の生活は、改善されたかもしれない。その反面、中国人農民らの開墾で放牧の適地を失ったうえ、アヘンの魔力にとりつかれたモンゴル人牧畜民の貧窮化が進んだ。毎年、秋の交換市が終わると、大量の家畜がウーシン旗から延安におわれていった(楊海英著『モンゴル人の中国革命』ちくま新書)。

従者と結婚した王女

スチンカンルは相変わらず母親をたすけ、早朝の乳しぼりから、牛や羊の放牧に余念がない。彼女が十六歳になった一九四三年(昭和十八)には、中国人数人から委託された六十頭あまりの牛を放牧するようになっていた。母ゆずりの天性の美貌は、オルドス高原の強い日ざしにも負けず、乙女らしさをしだいに増してくる。

このころ西公シャンには、国民革命軍第八路軍と改称していた陝西省北部の共産軍部隊が駐屯していた。六十余頭の牛からは、牛乳も大量にしぼれるようになったが、ほとんどがその日のうちに兵士たちに消費され、ヨーグルトやバターの原料にまでまわらなかった。

昭和十六年(一九四一)十二月八日から、米英などを相手に、太平洋戦争に突入していた日本軍は、十八年（一九四三）の夏には中国戦線でも守勢に転じたし、ウーシン旗内の軍事的緊張は次第にゆるんできた。当然、

――いつまで八路軍は西公シャンにおるんじゃい。

と、ささやかれ、

――アブハイ（王女）が美人じゃから、離れられんのじゃよ。

――戦争より牛の、いや、美人の〈おっぱい〉のほうがいいのさ。

などという牧畜民のうわさが、母親の耳にまでとどくようになった。根も葉もない牧畜民の茶のみ話なら、まだよかった。放っておけなくなったのは、スチンカンルが八路《パーロ》軍の将校と《駆落ち》したとか、するとかのうわさが広まったことである。

なぜ、そんなうわさが立ったのか。当時、城川《ボロ・バルグスン》にオルドスの地方本部をかまえていた中国共産党は、モンゴル人の上層部を抗日統一戦線下に確保しておく一手段として、ウーシンの貴族たちを、本部に招いては歓待した。この席にはオルドス北部に陣をしく国民党、傅作義軍の将校らも呼ばれていた。

スチンカンルもこれに招待されて出かけるうち、青年将校との恋が芽生えたのか。帰りの予定が一日、二日のびることがあったらしい。それがうわさを大きくしたもとだが、相手が共産党の八路軍の将校だったか、国民政府軍の傅作義軍の将校だったかは明らかではない。

――中国人兵隊なんてとんでもない。落ちぶれたとはいえ、スチンカンルはチンギス・ハーンの血をひく西公シャンのアブハイ（王女）。ボルジギン家の名誉にもかかわります。

モンゴル人は元朝時代から中国人との通婚を極端に忌み嫌う。元朝のハーン家の王女たちはだいたい、ユーラシアの遊牧民の名望家に嫁いだが、中国人と結婚した例は皆無である。過ぎ去った栄光はともかく、ボロ・ガトンとしての矜持《きょうじ》が許さない。

――だれかと結婚させてしまえばいいのかしら……でもバウはまだ小さいし。

スチンカンルを手放せば、貴重な働き手をひとり失うことになる。

考えあぐねる母親である。

――そうだわ。あの男ならどうかしら。

彼女は、長年、亡夫チョグトオチルの従者をつとめてきたボロルダイの顔をおもいうかべた。かれの父は先代の西公バラジュル時代に、西公家の執事を任されていた家柄である。ボロルダイはその恩義を感じていたのだろう。零落して使用人もやとえない西公シャンへ、ひまをみつけては手伝いにきていた。

人柄のいいことはわかっている。が、問題はふたつあった。ひとつはボロルダイは再婚であり、死別した妻とのあいだに、子どもがふたりいた。もう一点は、スチンカンルと年齢が十四歳も離れていたことである。

「それでも、なんとかしなければ……」

娘にまだ結婚する気持ちがないとは知りながら、ボロ・ガトンはボロルダイの心を確かめる。十七歳の春をむかえたスチンカンルは、シャルリグ近在有数の美女として、相変わらず牧畜民のうわさのまとにされていた。

描いたようなきれいな眉に、理知的な黒い瞳、鼻筋がかわいらしくとおり、抜群のプロポーション。もともとモンゴロイドは、日本人もそうだが、顔の平べったいのが特徴だから、とびぬけた彼女の美貌は、男たちの気をそそったのだろう。ときには中国人兵士らの露骨な視線が、彼女の肢体にそそがれることもあった。

後年、中国共産党の人民解放軍は「三大紀律、八項注意」を正式に公布するが、これは一九四七年十月十日のことである。当時の八路軍には、まだ《鉄の紀律》は浸透していなかったようだ。

「三大紀律」とは、

一、いっさいの行動は指揮にしたがう。

二、大衆のものは針一本、糸一筋もとらない。

三、いっさいの捕獲品はおおやけのものとする。

であり、「八項注意」には、

一、言葉づかいはおだやかに。

二、売買は公正な値段で。
三、借りたものは返す。
四、壊したものは弁償する。
五、人を殴ったり、ののしったりしない。
六、農作物を荒らさない。
七、婦人をからかわない。
八、捕虜をいじめない。
と、規定されている。

戦乱にはつきものの略奪、暴行を許さない人民解放軍の規範として、戦後の日本では親中派知識人のあいだで、おおいに称賛された。しかし、紀律と注意が生まれた背景を逆に考えると、そういう事例が多かったことを物語る証左でもある。所詮は、神話にすぎなかった。

母親は娘の同意を得ないまま、ボロルダイとの結婚話を進めた。

主家の王女との結婚。最初はためらっていたボロルダイだが、話がまとまると、かれは十六頭の馬を西公シャン家に贈ることにした。日本での結納金に相当する。モンゴルではこれを「ウヌグール・ボド」という。

婚約はウヌグール・ボドが、娘の家に受け入れられたとき、正式に成立する。拒否

写真10：西洋からの宣教師たちが撮ったオルドスの婚約した娘、「スゥイ・ティ娘」。

写真11：宣教師たちが撮ったオルドス・モンゴルの結婚式。20世紀初頭。

される《当然、破談である。婚約した娘は「スゥイ・ティ娘」と呼ばれ、髪形を変える。左右から垂らした三つ編みのお下げ髪を、胸の前で交差させて結ぶモンゴル独特の髪形をスゥイというのだ（写真10）。

馬十六頭は、牧畜民にとって一財産である。ボロルダイにはそれができるだけの経済的ゆとりがあった。商才にもたけていたかれは、毎年正月前になると、ラクダのキャラバンを組んで陝西省の定辺県《ていへん》へ出かけた。そこで仕入れた塩を延安まで運び、売却益で正月用品の砂糖、キビ、ナツメなどを買い付けて帰る。まずは裕福な《兼業牧民》だった。

結婚式はその年（一九四四）の冬、盛大におこなわれた（写真11）。モンゴルの風習では、まず新郎側が新婦の家へ《花嫁むかえの使者》を送り、嫁とり儀式がすんでから、結婚式と披露宴をひらく新郎の家まで、花嫁行列をつくって案内する。

没落していたとはいえ、スチンカンルの行列には、遠近から招かれた参列者や、子どもまで連れた嫁送りの牧畜民がおおぜい参加した。嫁入り道具を積んだラクダの先頭が、五キロも離れたボロルダイの家に着いたときに、祝いにもらった家畜や、参列者などの後尾が、西公シャンを出るようにとりしきった宰領者の腕はみごとだったという。

当時の日本は、東条内閣が総辞職（七月十八日）し、八月にはテニアン島の守備隊八千、グアム島の一万八千が玉砕するなどの悲報がつづく。「若鷲の歌」（予科練の歌）や「同期の桜」、「ラバウル小唄」などがはやり、映画では『あの旗を撃て』、『加藤隼戦闘隊』が、若者の血をさわがせていたが、中国奥地を基地とするアメリカ軍のB29百機が、上海の空高く飛行機雲をひいてとび、北九州を爆撃したのは、同年の十月二十五日だった。

名古屋で療養していた中国南京政府主席、汪兆銘《おうちょうめい》は十一月十日に病没、日本各地に敗戦の影が、忍びよってきたころである。内モンゴル中央部のモンゴル自治邦政権（蒙疆）は日本の敗戦に備えて、モンゴル人民共和国との統一を密かに進めていた。

第二章　草原の夜明けの星

草原の人民政府

結婚後のスチンカンルの生活は、それまでとさして変わらなかった。人手不足の西公シャンへ、早朝から乳しぼりの手伝いにゆく。なにしろ六十余頭の牛が相手であり、母親のボロ・ガトンも、毎朝五時からそれにかかっているのだ。貴族でも、朝早くから乳を搾り、家畜の放牧に携わるのは、昔からの伝統だ。庶民を労働に駆り立てて、貴族が堕落するような搾取の構造はモンゴルに成立しなかった。

夫のボロルダイは、ときにラクダに荷を積んで商売に出かけ、そのつどニュースを聞きこんできた。

日本の敗戦が近づいた一九四五年（昭和二十）八月九日、中共の割拠地延安の毛沢東は朱徳総司令との連名で、「抗日戦は最終的な段階に入った……」との声明を発表した。これは西公シャンに駐屯する八路軍部隊にもとどいたはずである。というのは翌十日、朱徳総司令が共産党支配下の解放区に駐屯する全部隊へ、進軍命令を発しているからである。

当時の戦況を見ると、

八月六日　B29、広島にウラニウム型の原爆投下。

　八日　ソ連、対日宣戦布告。北満、朝鮮、樺太に進攻開始。

　九日　長崎にプルトニウム型の原爆投下。

と、《新型爆弾》による《キノコ雲》の恐怖が、日本全土に広がろうとしていた。

当時、陸軍初年兵として長崎県大村市にいた新間《しんま》は、電車のスパークに似た青紫色の閃光と大爆発音につづき、中心が真っ赤に燃えたぎった、この世のものとはおもえぬ入道雲が、みるみるうちに長崎市上空に立ち上がるさまを目撃した。数時間後、それが米軍の新型爆弾だといわれ出し、あすはわが身、と暗然となった。

日本の無条件降伏を要求する連合国の「ポツダム宣言」は、延安でもとうに承知していた。あとは、日本がいつそれをのむか、時期だけが問題だった。朱徳が進軍命令を発した十日は、日本が中立国のスイスを通じ、ポツダム宣言の受諾を、米、英、ソ、中などの連合国に申し入れた日である。

一方、重慶国民政府の蒋介石は十一日、国民政府軍、共産党八路軍を問わず、いっさいの抗日軍に対し、原駐屯地での駐防を命令、十三日には朱徳がそれを拒否するなど、軍事面での国共対立がふたたび表面化した。その後これが、国共内戦に発展して、オルドス高原ウーシン旗の安定にも影響をおよぼす。

こうして、あの八月十五日をむかえた。

日本の国民が《敗戦》ではなく、《終戦》を知ったのは、その日の正午だった。《玉音放送》といわれた昭和天皇の「戦争終結の詔書」が、雑音のひどい録音盤でラジオから流れる。

大本営発表の「赫赫《かくかく》たる大戦果」と、「神州不滅」の宣伝を信じていた日本国民には、これが日本の無条件降伏受諾を意味するとはおもえなかったろう。夏のさなかにも、電灯の明かりが外にもれぬよう、窓には黒いカーテンをひき、やはり黒布を電気の笠にかけた「灯火管制」の、うっとうしさから解放された安堵感だけが先にたった。

中国奥地の延安に日本降伏の緊急電報が入ったのは、この日の早朝である。毛沢東の洞窟住居にその電報をとどけにきた秘書は、明け方に就寝したばかりの毛に遠慮して、かれの目覚めるのを待った。この緊急電が歴史を画するほどのものだったとは、おもわなかったにちがいない。

昼ごろに起きだした毛沢東は、電報に目を走らせるなり、それをワシづかみにした拳を、こきざみにふるわせて叫んだという。

「勝利だ！　われわれは抗日戦に勝ったぞ！」

日本全国に、玉音放送の真意が浸透しはじめたころだろう。

朱徳総司令に電話がとび、毛のもとにかけつけたかれは、

——日本軍に協力した各地の傀儡《かいらい》軍に告ぐ。ただちに人民の軍隊に投降し、武器を引き渡せ。

との軍令を発する。同時に、米英ソ三国に対しては、
一、解放区の人民代表権の承認。
一、対日平和会議への参加権。
一、米の対蔣援助政策の停止。
など、五項目の要求を通告した。

延安のその夜は、戦勝を祝う〈たいまつ〉行列がつづき、ドラや太鼓が打ち鳴らされ、爆竹の音で更けていった。もちろん、遥か北のモンゴル草原の西公シャンの八路軍駐屯地も戦勝気分にわいた。


だがウーシン旗のモンゴル族には、まだ平和は訪れない。

当時、旗の政治・軍事の両大権をにぎっていたのは、バダラホの孫にあたるテグスアムラン旗王（写真12）の弟、奇玉山《チィユィシャン》（モンゴル名・ラドナバンザル）である。かれは幼時にラマ寺に出家させられ、のちに還俗《げんぞく》して旗の政界に復帰するが、牧畜民のあいだでは漢名のほうが、より広く知られていた。

写真 12：ウーシン旗の最後の王テグスウムラン。彼の死後 10 年、ウーシン旗に人民政府が成立。300 年間続いてきたチンギス・ハーンの直系子孫による盟・旗の支配体制に幕がおろされた。

一九三九年（昭和十四）秋、国民政府がオルドス高原のウーシン旗に「西モンゴル抗日遊撃隊騎兵第一支隊」を編成したとき、司令となった兄旗王のもと、二十四歳にして少将司令に任命された実力者だった。旗王家の出だから、チンギン・ハーンの《黄金家族》の一員である。

モンゴルの慣習では、旗王が死んでも後継者の男子が十八歳未満のときは、旗王位につけない。その場合、旗王の印璽《いんじ》行為を代行する「護印《ごいん》ジャサク」が任命される。日本でいえば「摂政」の地位にちかいか。一九四〇年代の奇玉山は兄旗王の死後、成人に達しない甥に代わる護印ジャサクの地位にあった。

旗王の行政官署がある町ダブチャクは、ウーシン旗の東北部にあり、国民政府軍の勢力が強かった。これに対し西公シャンから西にかけては、アヘン栽培の入植中国人をにぎる共産党が地盤をかためていた。いわばウーシン旗は、国共両党が勢力拡大につとめる最前線であり、混沌とした中国情勢をものがたる縮図といえた。
政治には暗いはずの牧畜民だが、かれらの目はしっかりと現実をとらえていた。だれがつくったかはわからない。こんな歌がはやったという。

赤い中国人（共産党）がいるよ
黒いたばこ（アヘン）をつくっているよ
足の大きい入植農民を連れてきたよ
井岳秀《チンユエシユウ》（地方軍閥の頭目）よりタチが悪いよ

白い中国人（国民党）がいるよ
旗王の屋敷に小便をたれているよ
軍人たちを連れてきたよ
旗兵の訓練をしているよ

日中戦争が終結すると、八路軍は人民解放軍と名前をかえ、西公シャンから撤退したが、あとにはテルーム大隊長ひきいるウーシン旗の保安隊第一大隊が駐留する。保安隊は中国共産党が旗の西部に組織したモンゴル兵の軍隊で、奇玉山ひきいる同じモンゴル兵の東部の旗兵軍とは激しく対立していた。第一大隊の任務は、奇玉山軍の攻撃からアヘン栽培地の入植中国人をまもることにあった。アヘンは中国人に莫大な利益をもたらし、モンゴル人を貧困のどん底に陥れた。そのため、奇玉山はアヘンの撲滅に力を入れていた。

西公シャンには、戦争中に八路軍がきずいた砲台がすわり、かつては優雅だった邸内のたたずまいも、だいぶ変わっていた。それでもここを住まいとするボロ・ガトンである。スチンカンルたちに手伝わせて牛乳をしぼり、ヨーグルトを兵士らの朝食に提供するのが日課となった。

——でも、保安隊の兵隊のほうが、いいかもしれない。

と、スチンカンルはおもう。なにしろ同じモンゴル人だし、母親にも自分にも、それとない敬意をはらっているようにみえる。

——パーロ（八路軍）はシャルリグ寺のなかまで荒らしたし……金銀が埋まっているとかいって、僧侶たちの墓まで暴いてまわったし……。

それは《黄金家族》の血をひく一員としてだけではなく、同族のモンゴル人として、忍びがたい苦痛だったのだ。

奇玉山はこうした民族意識に目をつけた。日本が敗れたいま、共通の敵はいなくなった。ウーシン旗の統一はモンゴル人の手で、をスローガンに、保安隊の幹部らに呼びかける。一九四六年夏、国民党の胡宗南《こそうなん》軍が延安を攻撃して、国共の全面的内戦となった機会をとらえたのだ。

奇玉山の考えはこうだった。旗兵軍といい、保安隊といい、兵士はすべてモンゴル人である。それが一方は国民党、他方は共産党の支配下に置かれて戦っていれば、犠牲になるのはつねにモンゴル人である。

漁夫の利を得るのは、国民党だろうが共産党だろうが、どちらにせよ中国人ではないか。その中国人同士のいくさに巻き込まれぬためには、旗内から外来の中国人を追い落とすのが先決であり、同時にウーシン旗の平和にもつながる。そういう政治信念だった。

保安隊の兵士は当然のこと、テムールら幹部にしても、同じ民族同士の戦いはしたくない。奇玉山のよびかけに応じたテムールは、保安隊と旗兵軍との合同作戦を展開し、陝西省から援軍にかけつけた解放軍を破った。シブル平野などウーシン旗南部に入植していた中国人農民も、このとき全員が長城以南へ退去させられた。

奇玉山らのはたらきで、ウーシン旗にいっときの平穏がもどった。共産党勢力の敗

写真 13：国民政府軍少将司令官奇玉山とその家族が 1940 年代に北京で撮った一枚。（著者提供）

退をよろこんだ国民政府軍の傅作義は、奇玉山をイケジョ・アイマク（オルドス地方）第二警備司令に任命して、同地の軍権をかれにゆだねるなどの懐柔策をとり、国民党勢力の温存をはかった。

一九四八年の夏、北京におもむいた奇玉山は、中華民国副総統の李宗仁（国民党）から軍事援助として受け取った現金四十万元と、弾薬八十四ケースを列車に積みこみ、オルドスへの帰途につく（写真13）。だが、このころから反攻の度を強めていた人民解放軍は、内モンゴル中部の集寧市駅を占領しており、奇玉山は途中で列車ごと抑留、逮捕された。

奇玉山は中国内地の延安に連行さ

れ、かれのおもい描いていたモンゴル統一の理想も、わずか二年でついえ去った。まもなくウーシン旗には、共産党委員会と人民政府が成立する。こうして約三百年間つづいてきたチンギス・ハーンの直系子孫による盟・旗の支配体制に、幕がおろされたことになる。

西公シャン家の復興を、ひたすら願って屈辱に耐えてきたボロ・ガトンの希望も、完全に断たれたわけである。

「積極分子」の婦女主任

標高千五百メートルを超すオルドス高原の冬は早い。夏が終わるとすぐにも冬がくるといっていい。

一九四九年十月もなかばにちかいその朝……。

牧畜民たちの住居、ゲルをまわって歩く男たちの吐く息が白く光って見える。

——あの人はなにを言ってまわっているのかしら?

長男エルデニが生まれたばかりで、西公シャンの乳しぼりの手伝いを、しばらく休んでいたスチンカンルは、門口に立って男の動きを目でおっていた。

——あっ、うちのほうにもくる。

人民服を着ているところをみると、中国人のようである。うしろからついてくるモンゴル人は、人民政府のはしり使いにやとわれた男だ。「おはよう、スチンカンル。ボロルダイもいるかい？」

口をきいたのは、はしり使いのほうである。お偉方の案内をしているという得意さを隠しきれない。

「はあ？」

いぶかし気に眉をひそめるスチンカンル。

まだあどけなさが残る若妻の美貌に、人民服の男が一瞬、品定めをするような目つきになった。中国共産党の幹部と名乗ったその男は、

「いや、なに……。きょうの午後二時から政治学習会をひらくのでな。西公シャンに集まってほしい。用件はそれだけだが、忘れんで亭主にも伝えてくれ」

そう言いおいて帰った。

この年（一九四九）十月一日。北京の天安門楼上で、人民政府主席となった毛沢東は、「中華人民共和国」の成立を宣言している。政治学習会の招集は、それからざっと半月後にあたる。

だが、中華人民共和国は成立しても、オルドスの政情は決して安定していなかった。同年八月中旬、陝西省北部延安の収容所生活から解放され、ウーシン旗王のシャン・オルドだった屋敷に帰っていた奇玉山は、九月二十二日、かつての旗兵軍有志やテム

ールらとはかって蜂起した。このモンゴル蜂起軍は翌五〇年四月、三万という大軍の解放軍に鎮圧されるまで、各地でゲリラ戦をくりかえしている。ウーシン旗はこのときの決起で、実に成人男性の半分以上を失った（楊海英著『モンゴル人の中国革命』）。政治学習会の開催は、このような厳しい情勢を考慮に入れてのものだったともいえる。

さて、スチンカンルの住むシャルリグの地は、共産党が政権をとった新中国の、内モンゴル自治区の一地方、イケジョ・アイマク（伊克昭盟）の、そのまた下の行政区ウーシン旗西部の村である。だが、これまでも述べてきたように、早くから中国共産党勢力が浸透し、地下工作員も各地に出没していた。

新中国の誕生でベールをぬいだ地下工作員は、共産党幹部の表舞台におどり出る。素朴で政情にうとい牧畜民らは、その変身に仰天した。つい先日まで、出稼ぎの中国人農民として、人手不足になやむ富裕な牧畜民の家に、あちこちとやとわれては渡り歩いていた顔もある。かれらは出稼ぎ人（欄工人《ランクンレン》）と呼ばれ、牧畜民からさげすまれていた。

潜入工作員との《つなぎ》をするのは、売買人《メーメチン》と呼ばれる行商に扮したルポ工作員であった。みんな媚びるような顔をしてモンゴル人の家にあらわれていたが、いまや、とたんに態度がでかくなった。だから、

——オヤ、あの幹部は？　いつかのメーメチンじゃないか。

写真 14：草原で開催される中国共産党の政治学習会。子どもたちの洗脳教育を徹底する。（著者提供）

となるのも、さして珍しくなかった。

ところで、「政治学習会」なるものが、牧畜民にはわからない（写真14）。わからないのはそれだけではない。会議に出席すると、幹部の話には、これまで聞いたことのない言葉が、つぎからつぎに出てくる。

——「モンゴルは解放された」という。「解放」とは、中国人が大勢、草原に闖入してきたことを指している。もちろん、モンゴル人はだれも納得しない。中国人の入植に反対してきた近代史をそれまでに経験しているからだ。

——「旧社会」というのは、なんだろう……そいつを反省せよといわれても、なにをどう反省するんだ……。

——「新社会」についての認識、とかいったって、認識とはどういうことだ。家畜をおう仕事には旧も新もない。お天道《てんと》さまが昇ってまた沈む。毎日がそのくりかえしにすぎない。旱魃で牧草が育たない年は困った。あれは《民国十七年の大災》だったから旧社会なのか。でも、雨の降らなかったことを、わしらが反省してどうなる、と牧畜民の口はいっこうにひらかない。

かれらの頭にはまた、すでに処刑されたと伝えられる——実際はこれより二年後——奇玉山の姿があった。

護印ジャサクとして旗王代理をつとめていた王族の奇玉山でも、中国共産党に文句をいったら殺される。下手にしゃべらないほうがいいと、首をすくめていたのである。だがスチンカンルは別だった。政治学習会など初めての経験だが、相手が党幹部でも物怖じしない。共産党の幹部のなかには、西公シャンに駐屯していた政治委員もいた。そういう中国人との接し方にはなれていたし、モンゴル人女性特有の天性のおおらかさもあった。

きかれれば発言する。わからないところは質問する。なんどもひらかれた政治学習会を通じ、彼女はシャルリグの明けの明星にも似た「積極分子」として、幹部らに認められてゆく。

――もともと王女でもあり、頭もきれるし、積極性もある。ひとつどうかな、「少数民族幹部」として育成してみようじゃないか。

幹部らは前後二度にわたる奇玉山の蜂起を忘れていない。忘れていないからこそ、旧支配階級のなかから、親共産党的な人材をつくり出す必要があった。こうすることで、はじめて牧畜民たちの心をつかんでゆけるのだ。

――まだ若いし利用価値は十分ある。それに美人だし……。

中国人幹部らの意見がまとまるのは早かった。スチンカンルが地区の婦女組長と婦女連合会主任に任命された政治学習会の当日、

「いやー、それは困ります」

と、反対したのは夫のボロルダイである。

「なにが困るんだ。えーッ!」

と、幹部から声がとぶ。

「そのー、まだ息子も生まれたばかりで……羊や牛もふえてきたので」

「それはな、おまえさんちの家庭の事情、そうじゃないのかい?」

「……」

「婦女組長、婦女主任という仕事は、これまで虐げられてきた婦人を解放する重要な役目、それも人民のために働く仕事だ。婦人解放の足を引っぱろうというのか!」

婦女組長は地区の家庭婦人四、五十人を代表する党との連絡役で、一週間に一度ひらかれる政治学習会には必ず出席する。婦女主任はその組長らをまとめる責任者だった。

幹部に批判されては、ボロルダイも反論はできない。以後、家畜の世話と家事は、ほとんど夫の仕事になった。

婦女組長と主任に任命されたスチンカンルは、各地でひらかれる会議に招集された。幼な子を家に置いていくわけにはゆかない。子どもをしっかりと抱いて、馬で会議に出かけるスチンカンルだった。彼女は西公家の王女として生まれた以上、人民のため、牧畜民のためになるなら、労をいとわぬのが当然、そう考えていた、と後日、語っている。

もともとモンゴルの貴族や旗王は、牧畜民らの生活には干渉しない。放牧地の境界争いなどが起きたとき、調停を指揮する程度のことである。

人を疑うことを知らぬ純粋さといおうか、政治の裏側を見たことのない若さといおうか、モンゴル人のスチンカンルは、中国人共産党の幹部もかつての旗王と同じように、牧畜民にはあまり干渉しない存在だと信じていた。

――でも、どうしてかしら？　家畜の飼育頭数を登録させるなんて。

その意味がわからなかった。

彼女だけでなく、一般の牧畜民はもちろん、中国人民政府の下級役人すら、これが近く「階級区分」をきめる基礎数字となり、家畜の公有化につながるものだとは考えもしなかった。

本書はじめに紹介した親子三人の幸せそうな写真は、たぶんこのころに写されたものだろう。

これより十数年後の文化大革命時代に、「旧社会での出身階級が悪いか、いいか」によって大衆の批判闘争の対象にされた階級区分は、オルドスでは一九五三年にきめられた。この区分では「解放」前の労働者、被搾取階級がよいとされ、農村では地位の高いほうからいうと、貧農、下層中農、中農、上層中農、富農、地主の順だった。ちなみに、地主ということばは日本から逆輸入されたものだ。牧業地帯ではこれが貧牧……富牧……牧主となり、牧主が最低の出身階級とされた。富牧も牧主も、すべて新たに作られた政治的な概念で、モンゴル人にはわからない概念ばかりだ。

スチンカンルが生まれた西公シャン家の自家所有家畜数は、当時、牛二十六頭、ラクダ十二頭、羊と山羊をあわせて二百頭ほどだった。これはふつうの牧畜民なみの財産である。

――だが、西公シャンを財産だけで判断すべきではない。王公貴族だったというその「封建社会の特権的」本質を見きわめねば、そうではないのか。なんといっても旧社会の搾取階級なのだから。

という中国人幹部らの主張で、このとき母親のボロ・ガトンのみならず、スチンカンルにも搾取階級を示す「牧主」のレッテルがはられた。それまで積極分子として認められていた彼女のゆく手に、乗り越えがたい障害となるのが、この牧主という名の、中国共産党がモンゴルのために定めた新しい身分だった。

一方、夫のボロルダイは、労働人民である「貧牧」という、名誉ある身分をあたえられた。

生産互助組の誕生

話は前後するが、ウーシン旗での土地改革は、階級区分が実施される前の、一九五一年からはじまっている。まず下部の行政網として「区郷組織」がつくられた。全旗を七区にわけ、区の下にはいくつかの郷が置かれた。スチンカンルの居住地は、シャルリグ区のシャルリグ郷になった。

このころはまだ、井戸があまり多くなかった。牧畜民らは夏には草の茂る平野部のわき水や湖の周辺に天幕ゲルを張り、冬は灌木におおわれた丘陵地に移動した。丘陵地帯の南側は風も防ぐし、生活水に使える井戸が掘られていたからである。

日常の食事は、モンゴル語で「クク・チャイ」と呼ぶ湖南や四川省産の磚茶《たんちゃ》に、牛や羊の乳を少量くわえた「スー・ティ・チャイ」をのむのがふつうだった。炒ったキビや、チーズ、バターを入れることもあるし、ときには乾燥発酵させた羊の脂肪尾をスライスして入れる。

脂肪尾とは脂肪尾種といわれる羊のしっぽで、この部分にはラグビー・ボール状になった脂肪がかたまっている。そのスライス片を加えたスー・ティ・チャイは、牧畜民たちのご馳走のひとつだった。ボルサクと呼ぶ小麦粉でつくった揚げパンも常食だった。

郷には小農や牧畜民を主体とする生産互助組がつくられた。のちに農（牧）業生産合作社から人民公社へと、衣更えをしてゆく最初の形態である。

もっとも、中国人が入植している旗南部一帯では、共産党がアヘン栽培を奨励した一九四〇年から、土地改革は実施されていた。土地改革のやり方については、あとでまた述べるが、互助組設立のねらいは草原の開墾にあった。

これに先立ちスチンカンルをはじめ積極分子は、四十日間にわたる政治学習を受けることになった。毛沢東の講演や著作は、のちに『毛沢東選集』として出版されるが、そのなかの《老三篇《ラオサンピエン》》といわれた「為人民服務《ウエイレンミンフーウ》＝人民に奉仕せよ」などの精神を、連日たたきこまれたのだ。

『為人民服務』は一九四四年（昭和十九）九月におこなった毛主席の演説で、共産党員としての人民への献身的な奉仕を説く毛思想の原点のひとつである。他の二篇は国際連帯を説く「記念 白求恩《チイニエンパイチユウエン》＝ベチューンを記念する」（一九三九年十二月）と、「愚公移山《ユイクンイーシャン》＝愚公、山を移す」（一九四五年六月）という不撓不屈の精神を強調したものである。ベチューンはカナダ人共産党員で、日中戦争中に中央の医師になっていたので、その功績が毛沢東に評価された。愚公は、神話上の人物だ。

これら三論文が、老三篇といわれるようになったのは、文革中に林彪らが「つねにくりかえして暗唱すべきもの」と主張してからのことで、老には「古くからの、解放前の」という意味と、「つねに、いつも」という意味がある。

スチンカンルらは、

――社会主義とはなにか？　人民に奉仕することである。

――では、どうするのか？　一所懸命にすることである。

と、くりかえし教わった。では、なにを一所懸命にするのか。彼女らに与えられた任務は「四査運動《スーチヤア》」であった。この四査とは、文革時におこなわれた階級の敵を摘発する資料調査とはちがい、草原開墾のための下調べが目的であった。まず地質の調査。つぎが適当な作物の調査。ついで土地等級の調査。そして生産高の予測である。

四十日間の会議を終えての帰途、彼女は久しぶりに母親を西公シャンに訪ねる。

「会議にばかり引っぱりだされて大変だね。からだは大丈夫なのかい」

積極分子の婦女主任として、新社会の幹部に認められていても、スチンカンルはやっぱり自分の娘。母親のボロ・ガトンとしては、そのひたむきさを心配していた。

「まあね。こんどシャルリグにも互助組ができるのよ。草原を開墾してキビなどの食糧もつくるんだって。だから四査運動をはじめるの」

「共産党が草原開墾を……それはどういうわけ？　人民政府ができたとき、共産党は草原開墾を制限すると、以前からいっていたのではないのかい。その点はどうなっているの、スチンカンル」

「さあー？」

そこまでは理解できていない彼女だった。

母親の疑問は、これまで遊牧の民として生きてきたモンゴル人の共通の疑問であり、かつての約束を反故にする、中国共産党幹部への不信でもあった。

ウーシン旗をはじめオルドスのモンゴル人は、清朝末期以来つづいてきた中国人農民による草原の開墾により、放牧地が減少しつつあることに危機感をいだいていたのだ。

ウーシン旗王代理の奇玉山少将を人民解放軍が捕らえたとき、中国共産党はオルドスの平和解放の条件として、

一、草原を保護し、開墾を停止し、モンゴルへの移民はしない。

二、民族権力を尊重し、モンゴルの土地はモンゴルが管理し、モンゴルの政権はモンゴルが運営する。

三、オルドスでは土地改革を実施しない。

四、モンゴル人と中国人が団結し、階層を問わず、旗境をもうけず、蔣介石と傅作義らの「大漢族主義」に反対する。

などの六項目を示している。

これらの条件でウーシン旗にも人民政府ができたのだが、母親ボロ・ガトンの脳裏には、そのときのとりきめが浮かんでいたのだ。

ここでちょっと大漢族主義の「大」について説明しておきたい。中国語の「大」には、大きいという意味のほか、「正式な」とか「正統性のある」という意味がある。中国の統治は古代から、中国人がその正統性を受け継いできたから、大漢族の国という考え方である。そういう中華思想からすると、中国周辺の他民族は問題にされなくなる。文化的にも経済的にも「未開の段階」にある異民族はすべて中国に同化すべきで、そのうえで「大きく、統一された国」をつくるという思想だ。この「大一統」思想こそが、大漢族主義になる。とうぜん、モンゴル人は「大一統」思想に反対してきた。そして、大漢族主義に反対する共産党の政策は、革命的なものだったので、モンゴル人は共産党を支持した。

ついでにいえば、日本の寺院の南「大」門、城の「大」手門、さらに時代が下がって江戸、吉原の「大」門などの呼称は、この「正式な」という意味をもたせたものであろう。

それはさておき、農耕社会と遊牧社会では、土地についての考えがまったくちがう。中国共産党が農村解放区で農民の支持を得たのは、地主や富農階級から土地をとりあげた土地改革にあった。

一九五〇年六月に公布された「中華人民共和国土地改革法」のなかの土地撤収という措置がこれである。戦後の日本で実施された農地改革では、地主に形ばかりの補償国債が支払われたが、中国共産党の場合は無償だった。

まず地主に対しては、本人を殺害したうえですべての土地を「没収」し、一定分だけもとの所有者の家族に再配分する。土地改革の際、中国全土でおよそ一五〇万人もの地主が処刑された。くりかえし指摘しておくが、地主ということばも日本語から逆輸入されたものだ。

富農の土地と、寺院、学校など団体が所有する農地、商工業者の農地については、所有者の留保分を除いたのこりを「徴収」処分にした。こうして生じた公有地は、もとの小作だった「貧農」（鍬や鎌などの小農具さえなかった農民）と「下層中農」（鍬、鎌はもっていた農民）に配分された。

貧農といい、下層中農というのも、やはり階級区分のひとつだが、自分の耕す土地が自分のものになる——それは農奴にちかい生活を送ってきたかれらには、地獄から天国への解放であり、飢えの苦しみからの解放でもあった。

農村では貧しい農民によろこばれた土地改革も、遊牧民社会では簡単にいかない。牧畜民たちには、地主のなんのという観念がない。草原は旗王と一般のモンゴル人が共同で管理しているが、単にそれだけであって、家畜の食草は天があたえてくれるもの、農耕地のように区割りがあっては困るのである。

政治的な理由でもうけられた旗と旗の境界線を引くといっても、草原のなかにあっ

写真15：中国風の政治学習会で気勢をあげるモンゴル人女性。共産党に洗脳された行動である。まわりの人たちのとまどった様子がうかがえる。（著者提供）

て家畜の越境を問題にされては、放牧もおもうにまかせない。だからこそ、オルドスの平和解放の条件のなかに、「旗境をもうけず」という言葉が入れられたのだろう。

そういう土地そのものに執着のない遊牧社会では、中国共産党の考える土地改革が受け入れられる精神的・社会的風土がなかった。放牧地を区分して開墾をおこなう互助組の設立は、なかなか牧畜民に理解されなかったし、これまでのモンゴルの生活習慣をくつがえすものだった。

古い社会を生きてきた母親ボロ・ガトンと、新しい社会の積極分子におどりでたスチンカンル。生活の安定を求める気持ちは同じでも、考え方にはちがいがあった。

スチンカンルは互助組への参加を、牧畜民たちに説いてまわった（写真15）。参加する、しないは個人の自由意思だが、加入した場合は、家畜の私有が認められず、公有化されてしまうのが問題だった。いったん公有化された家畜は、各世帯の人数割で再配分され、牧畜民は「おおやけの家畜」を飼育することになる。貧しい牧畜民や貧乏な僧らは勧誘に応じても、家畜数が多い裕福な牧畜民には、当然ソッポをむかれた。

それでも彼女はあきらめない。お互いに助け合い、一所懸命に働くことが社会主義建設の道であり、『愚公が山を移した』ように、たゆまず人民に奉仕するのが積極分子の生き方である。党の政治学習でそう教えられていた。

このころスチンカンルは、《民主選挙》という信任投票でシャルリグ郷長に選出されている。牧畜民らの目には、スチンカンルはシャルリグの夜明けの星のように、輝いてみえたことだろう。王公貴族という悪い出身とはいえ、それは共産党がきめたことで、牧畜民たちには問題ではなかった。郷長のスチンカンルは二十五歳の若さだが、《廊下授業》でおぼえた読み書きのできることが強みになっていた。

かくして——。シャルリグ郷に互助組が二つ誕生する。片方の組長にはスチンカンルの夫ボロルダイが、もう一方は共産党員のラシが選ばれた。スチンカンルが夫の互助組に加わったのはいうまでもなかろう。一九五三年の春であった。中国流の社会主義制度は少しずつモンゴル草原で確立されるようになってきた。

この間、一九五〇年（昭和二十五）六月二十五日に戦端が開かれた朝鮮戦争は、五三年七月末の休戦条約調印までつづく。オルドス高原でもモンゴル人兵士による志願軍が結成され、モンゴル人民共和国と内モンゴル産の馬を集めて支援軍を送った。しかし、かれらが鴨緑江北岸に到達したときには、すでに停戦となっていた。

五一年九月にはサンフランシスコで、太平洋戦争の対日講和会議がひらかれ、対日平和条約も調印されたが、中国代表（北京）の会議参加は拒否され、平和条約についてはソ連、チェコスロヴァキア、ポーランドの三国が調印を拒否している。

敗戦後の経済低迷になやんでいた日本は、朝鮮戦争の特需景気で息をふきかえし、五二年（昭和二十七）の個人所得は、昭和十年時水準の九八・六パーセントまで回復した。

《竹のカーテン》にかくされていた中国の内情が、少しずつもれてくるのもこのころからである。五二年六月には日中初の民間貿易協定が締結され、翌年三月二十三日には、中国からの引き揚げ第一陣として、三千九百六十八人の残留邦人らを乗せた「興安丸《こうあん》」と「高砂丸《たかさご》」が舞鶴へ入港する。満洲で生活していた日本人の一部はまだ、シベリアに抑留されたままだった。

人民のための活躍

ボロルダイの互助組は、率先して働くスチンカンル夫婦の献身ぶりに刺激されてか、それとも働きざかりの人たちが多かったためか、互助組ができた五三年の秋から豊作に恵まれた。主食とするキビはもとより、カボチャなどの野菜類も予想以上の収穫をあげた。モンゴル人が野菜を栽培するなんて、まさに史上初の試みだ。

ボロルダイ組にくらべ、党員が指導するラシ組のほうは、それほどの収穫がなかった。このころ、アヘン中毒者の増加が生産を阻害すると考えた共産党幹部は、アヘンの吸引と販売を禁止するキャンペーンをおこなっている。互助組内でのアヘン禍が、どのくらい生産に影響したか、それは明らかでない。

——うちの組はまあまあだったけど、あっちはラシが組長なのに。

スチンカンルはおもう。

共産党員はエリートである。「出身」がよくない者は、つまりかつて下積みで貧しかった者でなければ、党員にはなれない。選挙で郷長に選ばれたとはいえ、彼女はこの年春の階級区分で、出身の悪い牧主身分とされていたから、身分上では、とうてい党員のあしもとにも及ばない。

なのに、なぜ、むこうより収穫が多かったのか。

「それは、わしたちがみんな、よくはたらいたからだよ。ラシ組には年寄りのお坊さんが四、五人いるからな。これまであの人らは、寺でお経をあげていれば、それでよかったわけだろう。開墾や農作業は無理なんだよ」

「だけど、それを助けあって、暮らしをよくしてゆくのが互助組の仕事でしょ。はたらく気のある牧畜民を、もっと勧誘したらいいじゃないの」

夫にぶつける不満ではないとわかっていても、郷長としてはつい愚痴になるスチンカンルだった。

ウーシン旗人民政府は開墾地の拡大だけでなく、五三年から家畜増産五カ年計画として、つぎのノルマを各区に通達した。

羊と山羊は二十二万頭から約四倍の八十万頭へ、牛は五万から三倍の十五万、馬が二万から七万、ラクダを七百六十から千二百六十に増やせというもので、中国人が荷役用に使うロバは、約三千から七千三百への飼育増を指示した。

互助組を発展させて「農業生産合作社」に格上げする動きは五三年十二月、党中央委員会が「関于農業生産合作社決議《クワンユイノンイエションチャンホーツオショウチユエイ》＝農業生産合作社に関する決議」を採択してから各地で活発化した。

農業生産合作社は、農民が農業生産を発展させるためにつくる集団経済組織で、日本なら農業生産協同組合といったらいい。互助組が基礎になるが、集団化の程度によって、規模の小さいものが「初級農業生産合作社」であり、それが大きくなると、「高級農業生産合作社」と呼ばれた。

土地は集団所有とし、農作業に使う家畜、大型農具などの購入・使用については合作社の決定にしたがった。

毛沢東主席が北京に全国の「省・市・区党委員会書記会議」を招集し、「関于農業《クワンユイノンイエ》合作化《ホーツオホワ》 問題《ウエンテイ》＝農業合作化について」一席ぶったのは、五五年七月三十一日のことである。そのなかで毛は、過去を回想しながら当時の状況をこう説明している。

一九五一年の十二月、一部の地方党組織に農業生産合作社の設立を指示したときは、合作社の数は三百余にすぎなかった。その後二年、われわれが「決議」を採択した時期には、一万四千余と二年間で四十六倍に増加していた。

そこで五四年秋の収穫時には、この二倍半にあたる三万五千八百に増やそうと提案したのだが、それがなんと、十万の合作社が全土に誕生し、一年前にくらべて七倍強の増加となった。

ところがいまや——五五年六月現在——六十五万社となり、加入農家数にして一千六百九十万戸、一社平均の農家数は二十六戸を数える。（一戸あたりの人員は四・五人）

党中央は今春、合作社を百万社まで増やせとの決定を下しているが、現在の六十五万社からすれば、たかだか五割強の三十五万社増にすぎない。私の考えでは、これは少なすぎる。二倍の百三十万社にすべきではないか。いまから来秋（五六年）十月の収穫期までは、まだ十四カ月もある。この計画は当然、完遂できるはずである。

二倍とはマージャンでいう一翻《イイファン》増しで、じつにわかりやすい。日本でも昭和三十五年（一九六〇）、池田勇人首相が「所得倍増」計画を発表して、国民の関心を呼んだ。簡単な数字ほど説得力があるのかもしれない。

ともあれ毛演説の効果はその年、五五年の冬、北京からとおくはなれた内モンゴルのシャルリグ郷にもあらわれ、ボロルダイ組とラシ組をひとつにまとめた規模の小さい「初級合作社」ができた。社長には党員のラシが就任し、ボロルダイは副社長になった（写真16）。このときウーシン旗に誕生した初級合作社は十三におよんだ。しかし全旗の共産党員百余名のうち、八十五名までが合作社への参加をしぶっている。

スチンカンルは郷長からシャルリグ区の副区長に昇進していた。行政上の地位でいえば、ラシの上司におさまったわけである。だが副区長の仕事は、合作社の下部組織である互助組へ、牧畜民の加入を呼びかけることであった。

スチンカンルは連日、組への加入を説いてまわった。夫も合作社と互助組の仕事に

写真 16：1950 年代のオルドス高原ウーシン旗のウラーントロガイ地域のモンゴル人幹部たち。（著者提供）

おわれ、家にはなかなか帰れない。家畜の世話さえ隣家のチロにたのむ毎日となった。

それほどの苦労をかさねて発足した初級合作社だった。合作社ができれば開墾した土地は集団所有となり、農耕は共同作業とわかっていても、農業経験にとぼしい牧畜民の集まりである。翌五六年の春、種まきの時期をむかえたのだが、開墾して増えた農地にまくキビの種がない。

種どころか、冬のあいだ食いつないできた備蓄分も底をつきかけ、三度の食事にもことかく社員さえいた。互助組の主要農作物は、キビとトウモロコシに少量のソバ、それに白菜、ジャガイモ、カボチャなど、備蓄にたえるものが中心だった。しかし国から割り当てられた供出分があるから、社員の食料が足りなくなるのだ。

——家に、じっとしてさえいれば、腹はくちくならんでも、ヨーグルトと茶で過ごせるけどな。

——そういうことだ。けれど、畑仕事にかり出さたのでは、からだがもたん。

それが社員たちの本音であり、種まき作業の計画が立てられなかった。

いちばん頭をかかえたのは、シャルリグ区の最高責任者である党委員会書記のアルビンバヤルだった。党中央の指令にこたえ、初級社とはいえ合作社を発足させたのは自らの実績である。それが発足早々つまずいたのでは、上級の委員会から批判される。

——党員の地位にあぐらをかいているラシでは頼りにならん。ここはひとつ、顔の広いボロルダイに、種を確保させるか。

かれはわざわざボロルダイの家を訪れ、スチンカンルの同席を求めて頼みこんだ。スチンカンルは副区長、ボロルダイは合作社の副社長だが、区書記じきじきの訪問だから、ことの重大性は感じていた。

「春まきの種がなくて、どうにもならないことはわかっているだろうが、種ばかりでなく食料まで不足している。なんとかこの問題を解決したい」

「よくわかっていますが、どうすればいいのですか」

困っている点ではボロルダイも同じなのだ。

「種と当座の食料分を買いつけて来てほしい。金は区のほうで工面するから、なにか知恵はないかな？」

「となりの河南区で調達するというわけですか」

「そうできればいいと考えているんだが……」

河南区は無定河をへだてて、シャルリグ区の南に広がり、陝西省から移住してきた中国人農民が圧倒的に多く、ウーシン旗のなかでは農作物の豊かなところだ。その優位性をたもつために、そして清朝以来つづいてきた中国人とモンゴル人の民族間の対立意識が、なお強く残っていたこともあって、河南区は無定河以北のモンゴル人への食料と種の移出を禁止していた。

「河ぞいに民兵を配置して、荷物検査を、きびしくしているそうじゃないですか」

と、スチンカンルはいった。

「それは、わたしも承知している。だが、河南区に顔がきいて、食料まで買いつけられる人物となれば、あんたの亭主に頼むしかないんだ。そこをわかってくれないか」

スチンカンルは黙って夫の顔をみつめた。

「手段、方法はいっさい任せる。頼む。人民のためと思え」

そこまでいわれては断りきれない。

ボロルダイは河南に潜行した。種くらいの量ならともかく、大量の食料まで手に入れられるかどうか、それがまず問題だった。

知人の家に泊めてもらったかれは、夜になると、ひそかに知り合いの中国人農民と会った。そして商談成立の数日後、スチンカンルの弟バウとともにラクダ十頭をひき、民兵警備が手うすになる深夜を待って無定河を渡った。夜明け前には北岸のシャルリグに帰らねばならない。

――捕まれば荷物ばかりか、ラクダまで没収されてしまう。

ボロルダイらが無事に帰るまでは、スチンカンルも落ち着かなかった。チンギス・ハーンを育てたモンゴルの天の神《テンゲル》に、なんども祈りを捧げ、まんじりともしない夜を送った。

合作社の社員と、その家族百人分の食料となると、ボロルダイの密移入作戦も一度ではすまない。日をおいて合計三度の輸送に成功し、やっとその年の種まきを、終えることができた。

「共産党のためなんだ」

夏の除草期をむかえた。

遊牧地の草原なら夏草のしげるのはありがたい。だが開墾地のキビ畑に雑草をのさ

写真17：1950年代における開墾された草原での収穫風景。たいていは初年度に作物が穫れるが、それからは沙漠化していく。(著者提供)

ばらせたら、収穫の秋に泣くのは自分たちである（写真17）。暑い日ざしをいとってはいられない。草取りに出てくるのは、社員のなかでも積極分子の数人だけであった。ふたたび食料が底をつきかけ、炎天下の農作業に耐えられなかったのだ。

「社長のラシと対策を検討しようじゃないか」

アルビンバヤル区書記が、副区長のスチンカンルをともない、合作社のあるテグレク開墾地に出かけた。

「ラシはいない？　すぐ帰ってくるのかな」

こんな時期に、まさか社長が遠出をしている、とはおもわなかった書記は、驚いてなおも聞いた。

「なにっ？　三日前から定辺県《ていへん》に……それも私用で？」

定辺県は陝西省北部の町である。それではいつ帰ってくるかわからない。社長が留守なら、副社長のボロルダイしか相談相手はいない。合作社の食料は、あと二日分がやっとであった。

――ラシがいたところで、結局はボロルダイに頼まねばならないのだ。この前もうまくやったことだし。

「どうだろう。こんどもやってもらえないかな」

ボロルダイは沈黙をまもった。

――なんで、わたしだけが危ない目をしなければならないのか。この前はうまくいって、みんなに喜んでもらった。だが……。

種と食いつなぎの食料を手に入れたことで、かれの評価はたかまったが、ラシとのあいだに気まずい空気が生じていた。ためらいの原因は、もうひとつあった。最近になって、河南区民兵の監視が強化されているのだ。つい先日も、密移入をくわだてたオトク旗のモンゴル人牧畜民が、河のなかばまで渡ったところで見つかり、荷役用の馬を中国人民兵に射殺されたと聞く。

スチンカンルは副区長だが、妻としてはやはり、危険な仕事にゆかせたくない。口をひらこうとしない夫の気持ちが、痛いほどよくわかった。

しかし、どうしてもわからないのは、書記が口にしたひと言だった。

「なあ、ボロルダイ、これは党のためなんだ」

——共産党のため？　それは、いったいなんなの？

彼女の素朴な疑問といってよかった。

結局は書記の説得にまけたボロルダイにしてみても、《党のため》とは納得しにくい言葉だった。

——シャルリグ区も河南区も、共産党が政権をにぎる同じウーシン旗内の隣接行政区ではないか。その一方には食料があり余り、片方は飢えに泣いている。それなのになぜ、旗の党委員会は黙っているのか。黙っていることが党のためということなのか。

——書記が自分で行けばいいじゃないの。河南区の党書記に会って、正式に援助を要請したらどうなの？

スチンカンルはそうおもったが、彼女ら夫婦はこのころから党内にはびこり出した《官僚主義》《セクト主義》のありようを、まだ知らなかった。

生産高のみを追及し、自分の成績をあげることが、共産党内での地位確保と出世にむすびつく。となれば他区のことはどうでもいい。河南区が食糧や種の流出に、目を光らせているのはセクト主義のあらわれであり、アルビンバヤルが密移入で窮状を打開しようと考えるのも、党内における自らの立場を考えた官僚主義のあらわれである。

いずれにせよ根は同じといえた。

結局、ボロルダイは翌朝、河南へ出発した。こんどは買い付けではない。たとえ河南の農家でも、端境用には大量のキビを売ってはくれない。収穫期まで借りるのである。目標は二百キロだった。

かれは、すでに合作社の公有となった馬のなかから、良馬を一頭えらんでまたがる。スチンカンルは馬上の夫が、沙漠化した草原のかなたに消えるまで見送った。夫がキビを積んだ馬とともに、無事に戻ってきたのは三日目の午後である。

「よかったわね。どうだったの、こんどは？」

と、スチンカンルは胸をなでおろした。

「ああ、二百キロは無理だったよ。百八十キロといったところかな」

「でも大変だったでしょう。それだけでも助かるわ」

「うん。民兵に見つからないようにと、農家の納屋に丸一日閉じこめられて、まったくの話まいったよ。なにしろ、あっちから二キロ、こっちから五キロと少しずつ集めてもらったんだから」

「ほんとうにご苦労さまでした」

労をねぎらったのはスチンカンルだけである。

共産党のためにと、四日ばかり前、ボロルダイの肩を抱かんばかりにして頼んだア

ルビンバヤル書記は、

「さすが西公シャンの婿殿だ。やっぱり有能だな」

といったきり、ありがとうの言葉さえなかった。いくら手柄顔をしても、おまえの女房は出身階級が悪いんだから、という意味を、言外にもたせていたのだろう。

第三章　草原に上った赤い太陽

階級ごとに二分された合作社

オルドス高原のモンゴル人は、もともと遊牧で生活を立ててきた。清朝の統治下に組み込まれ、中国人農民の進出と草原開墾が増えるにしたがい、放牧地を失った牧畜民のなかには、すでに二十世紀の初頭から一カ所に定住し、農耕に転ずる者も出ていた。だが大半の牧畜民は、先祖からのやり方をまもり、夏は平野に、冬は沙丘内に移動する遊牧でくらしていた。

中国共産党は、内モンゴルを占拠して自治区を作ったことを「草原に赤い太陽が昇った」、と譬えていた。「赤い太陽」に照らされて、モンゴル人も中国人と同じように、幸せになれる、と宣伝された。モンゴル人の一部も、共産党の宣伝を信じた。

共産党政府の指導でできた互助組、合作社という組織は、一種の末端行政組織だった。だから、その体制がととのえられていくことは、オルドスの牧畜民たちに、定住を強制する過程でもあった。中国共産党にとっては、《移動する民》の管理は難しかったのである。

シャルリグに発足した合作社は、ラシの互助組とボロルダイの互助組を、形だけひとつにまとめてできた初級社だが、農作業はいぜんとして組ごとにおこなっていた。初級社の場合、収穫物は参加した各人の労働量に応じて、配分するのが原則である。

ところが一九五六年の秋、ボロルダイ組は前年なみの収穫だったが、ラシ組は相変わらずよくなかった。親子代々の遊牧民にすれば「農耕なんて、そんなにすばらしいものなのか」という気持ちがあるし、ラシ組にはスチンカンルたちのように、積極的に農作業に取り組む牧畜民が多くなかったのだ。当然、両組のあいだで、その年の配分をどうするかが話題にのぼってくる。

ボロルダイが危険をおかして、河南区の中国人農民から調達してきたキビ百八十キロは、利息分をつけて返さねばならない。この分と国家への供出分をまず全体から差し引き、残りを社員に分けるのだが、組ごとの収穫実績を配分基準にすると、不作だったラシ組加入者の分けまえが少なくなる。

合作社の社長でもあるラシは、

——われわれの社は初級社だといっても、合作社は合作社。合作社とは社会主義農村の建設を目指す《新生事物《しんせいじぶつ》》である。下部組織である互助組ごとの実績を主張するのは、社会主義の精神に反する。

そう考えたのか、それとも、自分の体面を優先させたのか、いずれにせよ党員としての権限をふるった。

「収穫物は双方の互助組に、均等に配分する」

との決定をくだしたのである。

ボロルダイ組の社員に不満が高まったのはいうまでもない。

――ラシ組といっしょにされては、わしらは損だ。

――働いても働かなくても、飯はおんなじに食える。どういうことだね。

――いっそ初級社を分けたら、どうだろう。

こんな会話が交わされたであろうことは、容易に推測できる。

ちょうどこの年の五月から「百花斉放《ひゃっかせいほう》・百家争鳴《ひゃっかそうめい》」がいわれだした。百花斉放とは文学や芸術面で、また百家争鳴とは科学、学術面で、自由に作品や学説・理論を発表させる政治運動だった。「解放」以来、中国共産党は「搾取階級の出身者や、知識分子と呼ばれたインテリは、革命の推進者にはなれない」という硬直化した方針をとっており、この運動はそれを是正するものと、おおいに期待された。

だからうまくいけば、党員と非党員の関係修復という目的は達成できたはずであった。だが、反対に党への批判と不満が百出し、こうした意見を述べた知識階級――おもに非党員だったが――は「右派」としてあぶり出される結果となり、のちの「反右派闘争」「文革」へとつながる。

百花争鳴の空気を受けて、草原地帯のシャルリグの合作社でも互助組ごとに、ふたつの合作社に分離したほうがいいという意見や、分配への不満がむし返された。これは翌五七年春の播種期まで、とくにボロルダイ組のなかで高まっていく。

牧畜民たちのもうひとつの不満は、合作社になってから、家畜の大量死がはじまったことである。その遠因は家畜の放牧について、ほとんど知識のなかった中国人党幹部が家畜の公有化政策をとり、同時に牧畜民に対しては定住化政策を強制したため、放牧の自由が制限されたことにあった。

長城以南の中原と呼ばれる沃野にくらす農民とちがい、土地には執着がなく、草原を共有してきた遊牧民の唯一の財産といえば、飼育している家畜である。「解放」後の中国では、人民の貧富の差をなくすには、土地や資本などの個人財産のたぐいを、いったん公有化したうえで、再配分すればいいという単純な考えが前提になっていた。したがってオルドスの地でも、それまで世帯ごとに放牧していた家畜を、すべて互助組あるいは合作社の公有とし、再配分にあたっては、世帯ごとに形成されていた群れを解体し、新しい群れに編成替えしたのである。

ところで遊牧民がいう「群れ」とは、馬、牛、ラクダ、羊、山羊という五種類の家畜をいっしょに放牧する集団である。これら五種の家畜は群居性有蹄類であり、牧畜民はマルと総称していた。マルとは搾乳できる家畜のみを指し、ロバや豚などは当然、マルには入らなかった。

このような牧畜民の伝統的な飼育法を無視した共産党幹部は、マルで構成された群れを、馬なら馬、牛なら牛と、単純に動物ごとの群れに再構成し、それぞれ別の公社員に飼育させたのだ。

動物学者によれば、群れをつくる有蹄類動物には、群れ固有の社会秩序があり、生き方の知恵もそなえているという。それなのに、共生関係を保っていたマル同士の固有の群れをつぶされたから、悠々と草も食めず、新しい群れに適応できなくなった牛もいたし、なれない群れからはぐれて、冬には餓死する羊も出てきた。放牧する羊の群れに少数頭の山羊をくわえると、群れの行動が保たれることは、遊牧民のあいだではよく知られている。

それにまた、家畜がうまく育つかどうかは、当然のことながら、受け入れ側の飼育能力にも左右される。多数頭のマルを飼った経験のない、かつて貧しかった牧畜民は、大群の家畜を配分されても、それをコントロールする放牧技術に欠けていた、とは当時を回想する老人らの見解である。ついでにいうと、遊牧社会内の「貧しい人」はたいてい、怠け者だった。勤勉さに欠けていたから、貧しくなっただけだ。農耕社会のように搾取も一因で貧乏になったわけではない。

シャルリグ郷でいえば、合作社設立前の一九五五年には一万五百九十一頭いた牛が、翌年には六千七百八頭と激減し、馬も二千九百五十頭から二千四百四十七頭に減っている。これを先にかかげた五カ年計画の数字と比較してほしい。

ウーシン旗全域で、五七年春までの二年間に死んだ家畜は、七万七千百四十六頭におよんだとの記録がのこされている。これは全飼育数のおよそ四分の一に達したのだから、五カ年増殖計画を叫んでいた党幹部より、直接に被害をこうむった牧畜民たちのショックのほうが大きかった。自然災害など他にも原因は求められるにせよ、家畜の大量死は、画一化された合作社推進への手痛いシッペがえし、といえたのかもしれない。

もっともモンゴルだけでなく、中国各地の農村では、すでにそれ以前から農耕牛の死亡が問題になっていた。毛主席が一九五五年十月の第七期中央委員会拡大会議で演説した『農業合作化的一場辯論和当前的階級闘争《ノンイエホーツオホワダイイチヤンピエンルンホータンチエンダチエチイトウチョン》＝農業合作化についての議論と当面の階級闘争』のなかに、こんなくだりがある。

いわゆる「農耕牛死亡の罪は合作社にあり」という非難は、まったく実情に合致していない。牛が死んだ主たる原因は合作社にはない。それはまず南国特有の水害にあり、つぎに牛皮の値段が高すぎること、飼料不足にも原因があるし、老いさらばえた牛は当然殺されるものである。

五四、五五、五六年とつづいた大水害の影響があったとしても、モンゴルでの家畜の大量死は、それだけでは説明できないものだったろう。

五五年は昭和三十年、日本はようやく復興の波にのる。前年二月に摘発され、四月には佐藤栄作・自由党幹事長の逮捕許諾請求を、犬養法相の指揮権発動で握りつぶした「造船疑獄」のさわぎも忘れたように、五五年下期から輸出船ブームによる「神武景気」が訪れ、五七年上期までつづいた。

電気洗濯機と冷蔵庫、白黒テレビが《三種の神器》として、サラリーマン家庭に入りだすころだが、大草原に住むスチンカンルらの日常は、まだランプに頼る生活であった。牧畜民の家に電気がともりだすのは八五年（昭和六十）ころからで、それも自家用の風力発電が普及しはじめてからである。

前にも述べたように、旗の上部行政機関はアイマク（盟）である。ウーシン旗が属するオルドスのイケジョ・アイマクの盟庁所在地は東勝市にあった。シャルリグからは東へと三百キロも離れている。

五七年春の耕作を前にして、ボロルダイ組の牧畜民から、どうしてもラシの初級社から分離・独立したいという強硬意見が、ふたたびもちだされた。そして強硬派のひとりが東勝まで出かけ、盟長に会って実情を訴えた。ボロルダイ組のなかだけでいくら話しあっても、結論が出ないのに業をにやしたのだ。それはスチンカンル夫婦が、はっきりした態度を示さなかったからである。

「解放」前の旧社会で、王女として生まれた彼女は、いまや出身階級の悪い牧主身分に分類されている。婦女主任、郷長、副区長という階段を順次上がってきても、新社会では「出身が悪い」という目で見られる。懸命な努力も成果も、党からは正当な評価をしてもらえなかった。

「周恩来だって資本家の出身だそうだよ。人民に奉仕して頑張れば、きっと認めてもらえるようになるさ」

そう夫になぐさめられて、

「そうだわね」

と、口では答えながら、つねにそのことを気にするスチンカンルだった。だから彼女らは、党員社長ラシの意に反する合作社の分離には、言質をとられないよう、慎重な態度をとっていたのかもしれない。

しかしボロルダイ組のなかでは、

――盟長も「初級社の組織は十数戸ぐらいのほうがいい」といっとるんだろう。

——それに戸数が多いと、どうしても能率が下がる。
——独立するなら、オーノスの家でも、うちのほうの社へ入れてほしいといってい
るぞ。
と、分離賛成派が多数を占めた。
オーノス一家は合作社に未加盟の、シャルリグ郷では富裕な半農半牧家庭だった。
「出身」はよくないにせよ、そういう連中が組に加入すれば、生産はもっと上がると、
かれらの意気はさかんだったが、合作社の分離となると簡単にはいかない。
その可否をきめる大衆討議集会がシャルリグ寺でひらかれた。反対は当然、生産力
のおとるラシ組社員から出た。だが盟長も分離には同意している。区党委員会書記の
アルビンバヤルは、自分の意見を出さず張宝山（モンゴル人）副書記に任せた。副書
記は大衆からの声が一段落したとき、
「みなの意見はいま聞いたとおりだ。合作社は大きく団結して高級社を目指すのが理
想だが、初級社はその実験的段階のものである。だからボロルダイ組が独立したいと
いうなら、独立させてもいいのではないか」
と、しめくくった。
「しかしだ……合作社はあくまで貧牧、下層中牧の生活を改善してゆく社会主義のも
のである。旧社会で権勢をふるった王公貴族や富裕階層に、奪権されることがあって

はならない。いいか！」

そう念をおしたのは、スチンカンルの上司であるシャルリグ区長のバトバヤルである。

こうしてその日の大会で、合作社はラシを社長とする「紅旗合作社《ホンチイ》」と、ボロルダイが社長に推された「火星合作社《フオーシン》」のふたつに分かれることがきまった。ちなみにこの「火星合作社」という名を考えたのは本書の著者のひとり、楊の父である。のちに文化大革命が発動されると、火星という名は、社会主義制度を火で以て焼きつぶそうとしたものだ、と批判された。

会場からの帰途、アルビンバヤルがスチンカンルにいった。

「あんたら夫婦は出身は悪いけど、大衆には人気があるな」

「……」

出身が悪いと、自分のいちばん聞きたくない修飾語がついては、どう返事してよいかわからぬ彼女だった。

牧主階級を批判せよ

一九五七年は社会主義国家建設を目指す中国にとって、大きな転換点となる年だった。第一次五カ年計画が終了し、翌年からの第二次計画では、さらに重工業化を促進し、第四次が終わる七二年には「鉄鋼、石炭、工作機械、セメント、化学肥料などの重工業製品の生産高で、イギリスを追いこす」という夢を、えがきはじめていたのだ。だが前年の二月、ソ連共産党の第二十回党大会秘密会で、フルシチョフ第一書記がおこなったスターリン批判と、それに刺激されて起きたハンガリー事件（十月）、つづくソ連軍戦車隊出動による《血の弾圧》事件など、東側陣営の混乱は、中国にとって好ましくない国際環境を世界的に出現させた。それは中国国内にも波紋を投げかける。

河北省の石家荘《せっかそう》では、

——社会主義には、党のいうような優越性はない！

——ファシストを打倒せよ！

などのスローガンをかかげた学生デモが、放送局を占拠しようと街頭にくりだした。北京・清華《チンホワ》大学の学生集会では、鄧小平が説得にあたってどうやら事なきをえた。

こうした中国国内の動揺を防ぎ、党内を引きしめるには、ソ連のスターリン批判をそのまま受け入れるわけにはいかない。共産党の機関紙「人民日報」は「プロレタリア独裁の歴史的経験について」の社論を、四月、十二月と二度にわたって発表し、中国流社会主義の優越性を説いた。これが五七年からの「整風運動」（批判と自己批判により、思想および仕事上での悪い態度を直させる運動）と「反右派闘争」につながってゆく。

オルドス高原にあるスチンカンルらの火星合作社が独立したのは、このような時期であり、彼女ら夫婦に対する党幹部のあつかいにも変化がみえてきた。ウーシン旗共産党委員会は、

――合作社内部で、食糧が不足しているという意見が出されるのは、資本主義思想のあらわれである。

――階級敵はすでに、わが党内にも入りこみ、一部の指導ポストはかれらに占領されている。

と、大衆への宣伝活動を強化したのである。

それが毛主席の言葉を、自己流に引きうつしたものとは、一般の牧畜民にはわからなかったし、スチンカンルも知るよしがなかった。

五七年一月にひらかれた「省・市・自治区党委員会書記会議」で演説した毛沢東は、農村の食糧不足について、つぎのように触れている。

農業合作社には希望があるのかないのか。合作社がいいのか、それとも個人営農がいいのか、という問題がまたまたいわれだした。昨年、豊作だった地方と災害のひどかった地方では出なかったが、災害が軽かった不作だった合作社に、そういう

声がおきたのである。

これらの合作社では当初に考えていたほどの配分がなく、社員の収入は増えなかったし、減収になった者さえいる。そこでこういう議論が出てきたわけだ。……（食糧不足の声について）江蘇省のある地区で調べてみた。県・区・郷の幹部の三〇パーセントが、農民の食糧苦を代弁していたが、かれらのほとんどは余剰食糧を売りに出している富裕農家だった。

かれらがいう《苦》とは、なんと余剰食糧のことをいっているのだ。「農民を救え」「農民に関心をもて」とのいい分は、食糧に余剰があっても、国には売り渡すなとのことなのだ。

食糧苦を訴えるかれらは、いったい、だれを代表しているのか。かれらは広範な農民大衆の代表などではない。わずかばかりの富裕農民を代表しているにすぎない。

毛主席の話は江蘇省の例をあげているが、このようなケースは内モンゴルのウーシン旗の農耕地帯にもあった。ある記録によると「年間十九万キロの食糧が不足する」と、旗政府に報告した農業生産合作社十社は、前年からの持ち越し在庫十二万キロを隠匿していた。これには供出割り当て量を減らしたい、という合作社側の意図が見え隠れしている。

さて、スチンカンルやボロルダイが、種と食料を河南で手当てしたことが、ウーシン旗党委員会がいうように、資本主義思想に毒されていたと非難されるならば、シャルリグ区のアルビンバヤル書記は、セクト主義と官僚主義の張本人になるはずだった。だが、そうはならなかった。反対に、

——王公の末裔が共産党員を孤立させた。

という悪意にみちたうわさが、シャルリグ一帯に流された。合作社でもスチンカンル夫婦を参加させぬ会議が増えた。大衆討議集会によると、

「出身の悪い者は会場から出てほしい」

と書記からはっきりいわれる。スチンカンルは黙って席を立たざるをえない。彼女が参加できるのは「婦人会議」だけとなった。会議といっても、どうということはない。参加者のほとんどは漢字が読めないから、党幹部から毛沢東の論文や『人民日報』を読んで聞かされるのである（写真18）。

その原因は文字・言語政策にもあった。内モンゴル自治区の公用語は最初、モンゴル語と中国語の双方が使われ、公文書も両方で書かれていた。それが五七年ごろから、公文書のほとんどが中国語だけで伝達されるようになっていたのだ。モンゴル語はしだいに軽視されるようになってきた。

幹部が毛の論文を読みすすめる。

写真18：内モンゴル自治区における政治学習会の風景。党機関紙『内蒙古日報』を用いて政治学習をしている。（著者提供）

「われわれはすでに、階級闘争がきわめて緊迫していることを承知している。これらの闘争では多くの勝利をかちとったし、こんごもひきつづき勝利をかちえなければならない。国内における過去一年の階級闘争でいえば、われわれは四つのことに力をそそいだ。ひとつは……」

その声が、スチンカンルにはうつろに響く。毛主席のいう階級闘争の緊迫化とはなにか。シャルリグにそれほど緊迫した情勢があるのか。

――ないのとちがうかしら。いや、あるわ。

彼女は自分の胸のうちをのぞいてハッとする。それは、いつかは副区長と郷長のポストから追放されるかもしれない、という個人的な緊迫感であった。

ある日、婦人会議に顔を出た女性のひとりが、スチンカンルにそっとささやいてくれた。

「きょうの昼前にね、幹部らがうちのほうへやって来たのよ。それがね、あなたたち夫婦について、意見を聞かせろというの。いやらしいったらありゃしないよ。まったく」

シャルリグ郷の牧畜民を一軒ずつ、たずねまわっているというのだ。だがスチンカンル夫婦を悪くいうものはいない。調査に歩く幹部の話し方には、次第に説得調が強くなる。

「毛主席もおっしゃっているように、階級闘争の重要性はわかっているだろう……ウン、わかっていればそれでいい。われわれは社会主義革命を闘っているんだよ。その革命の内部に反革命分子がだぞ、もし、いたらどうなると思う？　とくに幹部のなかにだ。だからいま、みんなの意見を聞いて幹部の審査をしているんだ。ところでスチンカンルのことだが。彼女はもと西公シャンのアブハイ（王女）だろう。なにか反動的なこと、いや、党への不満を口にしたことなど、聞いたことはないか」

「さあ、そんなことはチッとも」

「フーン。だがな、かれらに……西公シャンの連中に、搾取されたことはあるだろうが。どうかな」

「搾取？　とんでもない。わたしらは知りませんよ」

多くの牧畜民は首を横にふる。モンゴルには共産主義がいうような階級は生じなかったし、古来、平等な実力社会だった。大地主の農奴に対する搾取がどんなものだったか、それを知らぬモンゴルの遊牧民には、搾取という言葉自体、理解できたかどうか。

それでもラシを社長とする紅旗合作社から、すこしずつ意見が出てくるようになった。

「そうだ。それが革命的な立場というものだ。おまえさんたちの階級は『貧牧』だな。いまは旧社会とちがうことを知らなきゃならん。貧牧はな、革命の先頭をゆくものだ。スチンカンルの階級はなんだ？『牧主』だろう。しかも王公家の出身だ。そこをしっかり見きわめないと、また王公の家来にされる。意見を出さないものは、王公の家来といわれてもいいのか！」

幹部らにおどしすかされて、しだいに《牧畜民の意見》なるものが集約される。

太陽は昇っても南の空にかたより、凍てついたモンゴルの上空に、かわききったシベリア高気圧が、どっしりといすわる真冬の到来を告げていた。

写真19：中国における吊し上げの風景。専制主義体制の下で、このような暴力的なシーンをみて、大勢の中国人たちは喜ぶ。（著者提供）

モンゴル人の「独立王国」

「では、スチンカンルとボロルダイについて、みんなの意見がまとまったので、討議集会を開く」

開会を告げたアルビンバヤル書記は、

「スチンカンルとボロルダイ！　前に出て、ここへ立ちなさい。そうだ、みんなのほうを向いて」

と、ふたりを促した。後年、文化大革命のさなかになれば、珍しくなくなった《吊るし上げ》のはじまりである（写真19）。

大衆討議集会がこんな形でおこなわれようとは、だれもおもっていなかったのだろう。会場に一瞬、どよめきが流れた。共産党幹部らは椅子にかけているが、集められた牧畜民たちは腰掛けがない。着ぶくれたモンゴル服のまま、床にあぐらをかいていた。かれらはたがいに顔を見合わせ、驚きの表情をかくしきれなかった。

頬を紅潮させたスチンカンルと、やや青ざめたボロルダイ。しかし心に恥じることのないふたりは、大衆の注視をあびても動じなかった。

大衆討議とはいえ、口をひらくのは党幹部達だけである。

「党員のラシを孤立させたのはどういうわけだ。ボロルダイ！」

「孤立？　そんなことは……」

「ないとはいわせん。現に合作社の分離運動をしたではないか。そうか。ラシにではないとすれば、党への不満があったんだな」

ふたりは返事もできない。

「そういう意見を出している者もいるんだ」

――なんというこじつけ。夫もわたしも、ラシを孤立させようなんて、考えたことすらないわ。党への不満……とんでもない。人民に奉仕せよという毛主席の教えどおり、一所懸命やっているじゃないの。

スチンカンルの全身に、怒りがこみあげてきた。

「河南区から食料を運んだのも、人心を買収したかったのだろう」

そうきめつけられたのでは、筋ちがいもいいところである。たしかに河南からの《密輪》を書記に依頼されたときは、二度ともラシは立ち会っていない。それがラシの孤立に拍車をかけたというのか。身の危険をおかしたのはボロルダイであって、ほかのだれでもない。その功績が《罪》にすりかえられるとは。

「合作社をふたつに分けたのは、結局、おまえらの独立王国《ドオリイ・ワンクオ》をきずくのが目的ではなかったのかな」

バトバヤル区長のしたり顔が、スチンカンルに向けられた。

「ドォリィ・ワンクオ（独立王国）？」

彼女のはじめて聞く中国語だった。いわば当時の政治的な新語である。いま辞書をひもとけば、「ある地区・部門の党委員会が、党中央の指導にしたがわず、つくり上げた勢力園」とある。一九五四年、東北（旧満洲）に君臨した中央委員の高崗《こうこう》が党を除名されたときの理由は、「東北満州に独立王国をきずこうとした」というものだった。高崗はすでに述べたように、「解放」前のオルドスで、党勢力の拡張に活躍した中国共産党の高級幹部である。かれは、オルドスと隣接する陝西省北部の出身で、のちに毛沢東によって自殺に追い込まれている。

「独立王国とは、どういう意味ですか。わたしにはわかりません」

スチンカンルはバトバヤルに食い下がった。副区長とはいえ、すでにほされかかっていた彼女に、党の重要文献は回覧されていなかったのだろう。その意味することが、ほんとうにわからなかったスチンカンルの口惜しさであった。

「おまえさんはそんなことも知らないのか。では教えてやろうか。おまえの大伯父のバラジュルは、ウーシン旗を分裂させて新しい旗をつくり、自分が旗王になろうとしただろう。まあ、失敗して自殺したがな。独立王国とは、それと同じ意味さ」

「変なことを、いわないでください。わたしがいつ……」

彼女は断固として否定したが、バトバヤルに相手にしてもらえなかった。一九五七年十二月のことである。

この年十月一日、ソ連はスプートニク1号の打ち上げに成功し、翌五八年一月三十一日にはアメリカのエクスプローラ1号が打ち上げられ、宇宙時代の到来を告げている。ソ連は開放化政策をとりだしたフルシチョフの時代であった。

毛沢東はモスクワでひらかれた「共産党・労働者党代表者会議」に出席した。世界六十四カ国の代表が参加し、十一月十六日に開会したが、毛が演壇に立ったのは十八日のことである。満場の拍手にこたえ「東風は西風を圧す」と、社会主義陣営の勝利をうたい上げ、アメリカ帝国主義は《張り子の虎》論を展開したのも、このときの演説である。

神武景気が終わった日本は、同年(昭和三十二)下期からの《なべ底不況》で、国際収支は五億三千三百万ドルの赤字を計上した。元満洲国皇帝・溥儀《ふぎ》の姪、愛親覚羅《あいしんかくら》慧生《えいせい》と日本人学生との心中死体が、静岡県伊豆・天城山中で発見されたのもこの年の暮れのことであり、戦前派の胸に時の流れを感じさせる悲恋だった。

右派をつまみ出せ

寒気はまだまだ厳しいが、春節(旧正月)が近づくと、やはり太陽の表情に変化のきざしが見える。一陽来復を願う気持ちは人間も家畜も変わらない。しかし北京から吹いてくる「整風」の嵐は、火星合作社の牧畜民らがいだいていた淡い望みを吹きとばし、ふたたびラシのひきいる紅旗合作社との合併が強行された。

独立王国をくわだてたという批判・汚名をはねかえすために、スチンカンルは合併に反対する牧畜民の家を一戸ずつ説いてまわった。

――初級合作社から高級合作社にするには、規模を大きくしなければいけない。

それが党委員会の方針だった。

こうしたなかで迎えた一九五八年の春節(旧正月)休みが終わるころ、ウーシン旗の「反右派闘争」が本格化する。北京などとくらべれば、半年以上のタイムラグがあった。内モンゴルの片いなかだから、その遅れは当然としても、ウーシン旗人民政府の出した通達の意味をどう解釈していいのか、わからぬ牧畜民がほとんどだった。これがいらざる混乱を招いたのだ。

——毛沢東選集を学習し、革命の精神を理解するとともに、小グループに分かれて討論をくりかえし、右派分子をつまみ出せ。

それが通達の本旨だったが、翻訳されたモンゴル語では、

「右派（バルンタン）を選出せよ」

と、読みとれたのである。牧畜民らは、右派とか左派とかいわれても、はじめて聞く言葉に、なんのことかと首をひねった。

——バルンタンとは、なんのことだい。

——まったくわからんナ。物知りのあいつに聞いてみようか。

その物知りが、

——バルンタンとは、バルンガル（右翼）のこととちがうか。わしらのじいさんのころ、清朝のころだが、ここウーシン旗の正式名称はオルドスの右翼前旗といっただろう。

——じゃ、右派とはわしらのことかい。

まさに落語の長屋談義にちかい。それどころか、

——幹部は右派を《選出する》といってるだろう？　それなら「模範分子」のよう

なものだな。

いそいそと右派を名乗りでるものもいた。思想上の右派と行政区域の右翼とのちがいさえ知らぬ牧畜民の悲劇。実際に《選出》されたものも、無知なるがゆえに自ら右派を名乗ったものも、全員逮捕されるさわぎとなった。

五月までつづいた闘争のなかで、ウーシン旗では三十六人の党員に右派のレッテルがはられ、すべてそれまでの職場から追放・下放された。

では「右派」分子とは、どんな人たちを指したのか。

ねらいは社会主義に反対するブルジョア分子を、色分けして排除するものだったが、百花斉放・百家争鳴時代に、インテリ層から党や政府への批判が百出し、都市ではおもにかれらが右派として弾圧された。知識階級の少ない農村、僻地では、

——なにかといえば、党に意見を出す輩《やから》が、右派とみなされたのである。たとえば、「共産党員は解放前は謙虚だったが、政権をとってから傲慢になった」といった意見もあった。結局、中国全土でおよそ一二〇万人が右派とされ、逮捕や処刑の命運をたどった。

この反右派闘争には誤りがあったと、江青ら《四人組》追放後の再審査で、かれらに名誉回復の措置がとられるのは、二十年後の一九七八年を待たねばならない。しかし、徹底的な名誉回復はなされなかった。というのも、反右派闘争を主導したのは、

ほかでもない鄧小平だったからだ。

反右派闘争につづき「社会主義建設の総路線・大躍進」が決定されたのは、一九五八年五月の中国共産党第八期全国大会・第二回会議でだった。総路線とは基本とすべき政策路線のことであり、大躍進とは農業、工業の両面にわたって飛躍的な大増産をはかり、社会主義国家の建設を目指そうというものである。内モンゴルのウーシン旗のシャルリグ区にも、たちまち大躍進の波がうねり出した。

——毛主席は十五年、いや、もう少し短い時間で、イギリスに追いつくといわれたそうだ。わしらも頑張らねばなるまい。

先進国を目標にした「追いつき、追いこせ」のスローガンは、人民に将来への希望を持たせたし、耳ざわりのいい呼びかけであった。

——それには寝るまも惜しんで、はたらかねばならない！

幹部らは全牧畜民を招集して、大躍進のための労働隊を三班編成した。男性のうち老人ばかりを集めた部隊は「老将隊」と呼ばれた。老将をベテランととれば聞こえはいいが、老骨をひっさげての、いわば狩り出し部隊である。

中年以下の男は、朝鮮戦争での英雄戦士の名をとった「黄継光《ホワンチイクワン》隊」にくわえられた。黄継光は敵トーチカの機関銃座を、自らの肉体でふさぎ、自軍の前進をたすけた志願

写真 20：毛沢東に忠誠を誓う内モンゴル自治区の民兵たち。全員、毛バッジを胸につけている。

軍兵士だったといわれている。日本風にいえば《軍神》のひとりとして、小さな子どもにまで名を知られるほど宣伝されていたが、実際はつくり話だった。

若い女を中心とする隊は「劉胡蘭《リユウフラン》隊」と呼ばれた。劉胡蘭は山西省文水県出身の十代前半の女性共産党兵士で、国民政府軍に捕らえられ、きびしい拷問にかけられても共産軍の機密をもらさず、ついに首を斬られたという伝説的な女傑だった。実際に彼女の首を斬ったのは、一族の長老だった。劉一族は、彼女が加わった共産党の進める土地改革に反対だったからだ。真実はどうであれ、シャルリグの若いモンゴル人女性は未婚、既婚を問わず、全員この隊に入れられた。一種の民兵でもある（写真20）。

劉胡蘭隊の隊長には、ひと一倍はたらき者のスチンカンルが命ぜられた。彼女らはまずグルビン丘陵上にひろがる開墾地の除草にかかった。

「解放」前の中国の農村では、畑の草取りも実にノンビリしたものだった。見渡すかぎりの畑を前にしては、うまずたゆまず気ながにやらねば、からだがもたない。それは、労働の知恵だったかもしれない。小さな腰掛けにすわり、草をとっては腰掛けを移動し、腰掛けを動かしてはまた草をとる。

だが大躍進下のモンゴルのグルビン丘陵では、そんな《大陸風》の作業は許されなかった。幹部らが時をきめず監視にやってくるのだ。サボったり、気をぬいているところを見つかれば、本人だけでなく隊長のスチンカンルも、あぶらをしぼられる。

すべてが軍隊調だった。作業前の点呼がおわると、鋤や鍬を銃のようにかつがされ、号令一下、開墾地まで分列行進をする。太平洋戦争のさなか、日本の各地の工場で組織された「女子挺身隊《ていしん》」をおもい出させる。

当時の写真で日本の娘たちをみると、全員が長いお下げ髪の頭に、日の丸を染めぬいた鉢巻をむすんでいる。モンゴルの女性らは鉢巻ではなく、既婚女性だけだが、各自おもいおもいの頭飾りをつけていた。この頭飾りをめぐって、ひと騒動が起こるのは、なお数カ月あとのことである。

それはさておき——。夜も寝ずの除草作業が、実際におこなわれたのだから《西風を圧する〈毛沢〉東風の力》は、カリスマ性を脱して、狂信性を帯びてきたようである。号令をくだす幹部はくわえタバコでもいいが、それを聞かねばならぬ牧畜民は、たまったものではない。反対すれば「右派反動派」の烙印をおされてしまう。

隊長のスチンカンルは、歯をくいしばって四昼夜連続の作業にたえた。疲労の極に達した隊員も、文句をいわずというより、口をきこうにもきく元気さえないまま、ひたすら草取りをつづけた。

三日目の日暮れどきのことである。

——エルデニチクがいないわ。あのこ、どこへいったのかしら？

まだ十八歳になったかどうか、という若い娘の姿が見あたらないのだ。スチンカンルはあわてた。

——騒ぎを大きくしてはいけない。でも小用を足しにいったにしては？

隊員の気を散らさないように、ひとりソッと立ち上がった彼女は、沙丘の裏側をさがしまわった。

エルデニチクは、黒い影を落とした沙丘のくぼみに、仰向けに倒れていた。しかも白い下腹部をむきだしにしている。

かけ寄ったスチンカンルの目に、股間の血らしい色が映った。

——まあ、なんてことを……。いったい、なにがあったのかしら？

抱き起こした彼女の胸のなかで、かすかに目を開けたエルデニチチクは、スチンカンルと知って安心したのか、なんとか起き上がろうと身をもがいた。

「さ、もう大丈夫。ズボンを上げないと、立てないいんじゃない。どうしたの？　悪いことでもされたの？」

「ううん、ちがうの。あの、おシッコを……」

「そーぉ……途中で気分が悪くなったのね。でも、よかった」

おもいすごしが杞憂《きゆう》におわったスチンカンルは、胸をなで下ろした。生理中で体調のよくなかったエルデニチチクは、寝ずの作業の疲れから排尿時に気を失い、そのまま尻もちをついて、うしろざまに倒れたのだ。

青白い乙女の頬に浮かんだはじらいが、かなしく哀れを誘った。

中国に貢献したモンゴル人の頭飾り

「大躍進」政策は、なおも勢いづく。

『人民公社好《レンミンクンシヨウハオ》！＝人民公社はすばらしい』という毛沢東の巻頭論文が、党機関誌「紅旗」の創刊号（一九五八年六月）に載り、社会主義農村建設の仕上げとなる農業合作社から人民公社への衣更えが進められた。オルドス高原のウーシン旗にも、この年五八年の秋までに十一の人民公社が誕生した。

《公社》とはコンミューンの音訳である。《飯店》がホテルの訳語として中国語化されたのと同じだ。人民公社は、中国農村における政治権力と経済・社会組織を一体化した《政社合一》の基礎的行政単位であった。集団所有性のもとで農業（これには牧畜業、林業、漁業、農村副業もふくむ）、工業、商業を結合させた社会主義的な経済組織として運営され、公社の下部にはいくつかの生産大隊、またその下に基本的な採算単位としての生産小隊が、数隊所属していた。

シャルリグ人民公社はシャルリグ生産大隊、ボロ・フデ大隊、チョーダイ大隊、チャンホグ大隊から成り、スチンカンルらはシャルリグ大隊に所属するダライ・チャイダム生産小隊の社員だった。

これらの組織は一九七八年（昭和五十三）末に解体が決定されるまで、中国農村における政治、経済から教育、医療と治安まで、すべてを丸がかえにして運営していた。

もともとは灌漑水路の整備など、農民の共同体意識から生まれたもので、第一号は河南省の遂平《チユウピン》県で、二十七の合作社が合併して発足した。五八年四月のことである。かれらは前年秋に打ち上げられたソ連の人工衛星にちなみ、「衛星（スプートニク）拡大合作社」と名乗った。

この拡大合作社という呼び方を「人民公社」の新語におきかえたのは、新華社通信の記者だったそうだ。

毛沢東は、《公社＝コンミューン》という新語に、触発された面もあった。ただ、毛はどちらかというと、『三国志』のなかの秘密結社、五斗米道が経営する旅館をモデルとしていた。五斗米道に入信したものは、ただで飲み食いできるシステムだった。劉少奇のほうは、ソ連の集団農場の制度を導入したかった。党中央政治局は八月末、「人民公社設立についての決議」を採択する。このころ毛沢東の実権は、少しずつ劉少奇ら実務派の手に奪われつつあったが、モンゴルのいなかでは、まだ毛主席の威信は絶対のものだった。

こうして、大躍進をささえる農業面では、人民公社が次つぎにうぶ声を上げる。スチンカンルの属する紅旗合作社は、シャルリグ人民公社のシャルリグ生産大隊となり、別名紅旗大隊ともいわれた。公社員となった彼女らの生活はどんなものだったか。

合作社時代は各自のゲルで寝起きし、食事もふつうは三食だったが、人民公社になると、その生活が一変する。食事は人民公社の食堂でとるが、一日に朝、晩の二食だけとなり、朝食は二両（百グラム）のキビ粥、夕食は四両のキビ飯に、白菜とジャガイモを塩味で煮つけたものが、おかずであった（写真21）。

問題は住居のほうにあった。公社員は各生産小隊本部の地下に、まず幅およそ一・五メートル、深さ二メートルの壕を、適当な長さに掘り下げる。つぎにその下半分に高さ一メートル、奥行き二メートルほどの横穴を、五十センチ間隔で両側にあけた。

立ってはいけぬこのカプセル状の空間が、公社員ひとり用の《寝室》であった。

この壕には屋根がなく、雨が降れば底はぬかるむし、当時の地下水位はいまより高かったため、穴の内部はジメジメして健康に悪い。牧畜民らはゲルに使った古いフェルトを裁断して地面に敷き、布団をうわがけに使うようになった。それまでは、布団とは無縁の生活だった。就寝時には昼間着ていたデールというモンゴル服を、日本でいえば掻巻《かいまき》代わりにして寝ていたのだ。このころからウーシンでは、布団が牧畜民の財産となる。

では工業面ではどうだったか。ウーシン旗でも鉄鋼を増産せよとのかけ声で、キューポラ式の大型「土法高炉」が三基つくられ、各種の工場も五百六十ほどできた。土法高炉による製鉄法は、明代から民間に伝わっていたきわめて原始的なものである。たしかに「鉄は力なり」にちがいない。国の建設と発展には欠かせない。ただ、それを土法高炉の増設でいけると考えたところに、毛思想のロマンと限界があった。これはあとで述べる「深耕法」による食糧増産運動でもいえることである。

全国の粗鋼生産量は、五七年末で五百三十五万トンと、五二年時の四倍になっていた。これを第二次五カ年計画がおわる六二年には、一千二百万トンに倍増させるのが党中央の青写真で、ウーシン旗の土法高炉も五八年には、日産七十五キロの鉄生産が可能になったと自慢したものである（写真22）。

12. 公共食堂 （河南遂平县衛星人民公社） 沙更思作

写真 21：人民公社の公共食堂。中国最初の人民公社、河南省遂平県の風景。

写真 22：人民公社の土法高炉。

8. 土高爐群 （河南遂平县衛星人民公社） 游允常作

熱効率の悪いこの方法では、エネルギー源の石炭を増産しなければならない。隣の行政区・オトク旗にある海勃湾炭《ハイブルントハイ》鉱への「遠征隊」が組織された。

――男はすべて《石炭合戦》に参加せよ。

――革命を支援するために、幹部も学生も、牧畜民も全員集合！

老人と病人をのぞく男性は、ツルハシをかついで動員されてゆく。女性軍には、馬が食べると毒になる「ソクトウ草」（酔馬草）を、放牧地の草原から一掃する任務が与えられた。戦時下の日本国民が経験した《一億総動員》といっていいか。

戦後十三年を経過したこの年、昭和三十三年の日本は、フラフープが大流行した。映画も全盛期をむかえ、映画館入場者数はのべ十一億二千七百四十五万人。乳幼児もふくめた国民ひとりあたり、一年に十二回以上映画を見に出かけたことになる。

だが中国首脳部としては、東西の冷戦がいつまた火をふき、核兵器が登場する第三次大戦になるか、危惧が大きかったのだろう。人民公社内に持ちこまれた「三化」政策は、地下壕住居とともに、その危惧への対応のあらわれだった。「三化」とはつぎのようなものである。

［会議の現場化］：休憩時に仕事の現場で会議をひらき、毛選集を学習しながら、批判と自己批判をおこなうこと。

［生活の集団化］：各家庭の炊事具・食器類をすべて公有化し、公社の食堂以外で食

事をしてはならぬこと。

［労働の軍事化］：不意の敵襲にそなえる作業中の軍事訓練。「敵襲！」の合図とともに、男女を問わず全員が鍬などを武器に集合し、白兵戦の訓練をうける。時間はきめず、午前と午後にそれぞれ三回、ときには深夜にもあった。

これは同年八月一日の「建軍記念日」に、朱徳元帥が演説した「唯武器論（兵器万能思想）批判」に、通ずるところがありそうである。男も女も竹槍をかつがされた日本の《本土決戦》を、おもい出させてくれる。

三化政策の推進で、五八年秋までにウーシン旗内にできた公社の食堂は、一年中まかないをする「長期食堂」が二十二、農繁期にひらかれる「臨時食堂」は四十八になった。この食堂は《社会主義の前進基地》とされ、来るものはこばまず、浮浪者にも食事を出した。

ともあれ、女性軍はソクトウ草の除去に動員された。放牧地といっても、東西数十キロにわたる大草原である。シャルリグ寺東部の《聖なる禁足地（オンゴン）》から、もと王公のひとり奇国賢が、かつて邸宅をかまえていたチョーダイの地まで、野営をつづけながらの作業だった。生活の集団化は当然として、会議の現場化や、労働の軍事化には、またとない野外実習となった。

奇国賢の先祖は、スチンカンルが生まれた西公シャン家と、十六世紀ころに枝わかれしたボルジギン部の出身である。チョーダイ平野の南東部に建つ屋敷は、まわりを版築の城壁でかこんだ大きな砦で、牧畜民から「大クレー」と呼ばれていた。クレーとは囲いとか砦を意味するモンゴル語である。

「解放」前の一九四〇年（昭和十五）に、奇国賢はチョグトオチルについで、ウーシン旗西部の副旗王《トサラクチ》に任命されたが、旗の上層部では以前から親共派として知られていた。入植中国人農民のアヘン栽培を、共産党の割拠地延安との密約で容認したのもかれであり、大クレーは抗日戦以来の《赤い砦》といってよかった。しかしそれがもとで奇国賢は、一九四二年の初冬、国民政府軍のイケジョ・アイマク警備指令・陳長《チエンチャ》捷《ンチエ》に逮捕され、東勝で銃殺されている。

大クレーに着いたスチンカンルら女性軍は、そんな昔をしのぶより、いっときも早く子どもたちが待つわが家へ帰りたかった。

ところが、その期待は裏切られる。それどころか現場会議が終わったときには、だれの顔もショックで青ざめていた。

会議を主宰したのは、これまで見たこともない中国人の党幹部であった。

「ここがどんなところか、みんなも知っているだろうな。大クレーなどといっているが、搾取階級だった王公一族の屋敷だ。封建社会陣営の砦だったところだ！　こんなものをいつまでも残しておくから、思想の解放ができないのだ。いいか！　わたしがいまから命令する！　大クレーは本日をもって取りこわす」

スチンカンルらは「あっ」と息をのんだ。これからの無益な労働もさることながら、

——あれほど共産党に尽くした奇国賢の屋敷・大クレーの破壊を、共産党自らが命令した。奇国賢が国民政府軍の陳司令に殺されたのは、いったい、だれのせいなの。

そう、おもった。

「もうひとつ。こんどは提案だが、みんなも知っているように、いまわが国は冷戦下の困難な状況にある。帝国主義者どもは、われわれの社会主義建設を、いいか、揺りかごのうちに抹殺しようとしているのだ。そんなことを許せるか。許せはしないだろう。そこでだ。国の支援のために、みなの頭飾りを献納してもらいたい」

オルドス・モンゴルの既婚女性たちが頭飾りをはずすのは、肉親の喪に服するときだけである。それを全員に頭飾りをはずせという。夫に、親に、どう説明したらいいのか。

彼女らは顔を見合わせた。大クレーをこわすどころのさわぎではすまない。幹部の視線をのがれようと、女たちはいっせいに下を向いた。

「……社会主義となったいまでは、男女はひとしく平等なのだ。女が頭飾りをつけるなど、封建時代の風俗習慣にすぎない。そんな悪習は葬らねばならん！」

ここでまた日本人の脳裏には、ダイヤモンド・貴金属・果ては寺院の梵鐘《ぼんしょう》までが、

戦争遂行のために《献納》の対象にされた戦時下日本の風景が、オーバーラップするだろう。

だが彼女らは一九四二年の秋、国民政府軍の陳警備司令がくだした「抗日についての十大決定策」を、おもい出していた。

このなかの一項目に、

「社会風俗を是正し、モンゴル族女性の頭飾り着用を禁止する」

というのがあった。頭飾りは金、銀の台に、大小の真珠をちりばめた豪華なものが多い（写真23）。つまり抗日戦のためには《ぜいたくは敵》という措置だった。だが、実際はどうだったのか。

国民政府軍第六集団軍司令官でもあった陳は、抗日戦後背地のオルドスで、国民党勢力の増大、および共産党組織の浸透防止、それに軍の食糧確保を目的に、直属の軍隊を各地に配置していた。没収された頭飾りは商人の手で現金にかえられ、兵士らの給料に消えたのである。

——共産党も国民党も、中国人のやることは同じではないか。

少数民族の文化的風習を理解しようとしない中国の《大漢族主義》の前に、モンゴルの女たちは泣くなく頭飾りを献納した。これら頭飾りの合計額は、当時の人民元で十万元にのぼったという。

ソクトウ草退治を終え、大クレーの地から戻ってきた女たちの姿を見て、ギクッとしたのは留守をまもっていた老人たちである。よそへ嫁にいった娘もわが家の嫁も、だれひとりとして、頭飾りをつけていない。

「あれ、まあー！」

――カワチ炭鉱へ出かけた男の「遠征隊」が、落盤事故にでも遭って全滅したのだろうか？

そうではない、とわかって胸をなでおろしたものの、以後シャルリグの牧畜民らは《大クレーの集団寡婦事件》と呼んで、これを語り伝えている。中国共産党によって既婚のシンボルである頭飾りが没収されて、「寡婦」とさせられた、との意味である。

写真23：銀や真珠からなる伝統的な頭飾りをつけたオルドス・モンゴルの女性。（著者提供）

第四章　モンゴル高原にのしかかる中国の黒雲

生態を無視した深耕作業

一九五八年（昭和三十三）五月から、中国を社会主義社会に改造し、生産の大飛躍を目指す「三面紅旗運動」が開始された。三面とはこれまで推進されてきた総路線・大躍進・人民公社を、新生中国の国旗である紅旗三本に見立てたものである。また思想面、生産面、技術面での改革、改造を、より強化しようというものでもあった。

中国の未来の夢を語り、人民のやる気をひき出すはずのこれらの政策が、各分野の専門家に適切な指導をうけていたら、その後、大きな挫折に遇うことはなかったかもしれない。

農業を基礎に、工業を導き手とする発展戦略も、人口の八割までが農民の中国では、当然のいき方だったろう。それにしても先を急ぎすぎたようだ。知識と技術の蓄積を軽くみて、政治教育と思想教育を優先したところに、地方幹部の独善性が生まれ、失敗をくりかえす原因があった。

土法高炉による鉄鋼増産運動にしてもそうである。たとえ小さな規模にしろ、鉄鋼石や、ひろい集めたくず鉄を原料にし、コークスを燃料にしたキューポラまがいの炉ならまだいい。なにせ人件費を考えにいれないのだから、精錬にたえる粗鋼が生産できれば、それはそれでよかったのだろう。

しかし、イギリスに追いつけ、追いこせとばかり、中学校の校庭や工場、役所の空き地に、石焼きいものカマに毛のはえた程度のものを、いくらたくさんつくったところで、近代工業に役立つ素鋼ができるわけがない。

だが流行とはおそろしい。参加しなければ白い目で見られるフィーバーぶりであった。

――中国にはハエやカが一匹もいなくなった！

と、進歩的文化人といわれる人たちの話が、日本のマスコミに登場したのもこのころである。

一九五七年から全国的に展開された「四害撲滅」運動の成果が、社会主義中国の勝利として伝えられたのだ。四害とはスズメ、ネズミ、それにハエとカをさし、農業と公衆衛生に害をなす《悪》として、撲滅の対象になった。

「解放」前の中国では、当時《東洋の不夜城》を誇った国際都市・上海でも、ハエやカの大群は珍しくなかった。街なかの小さな店で、湯《タン》（スープ）麵《メン》をすすっていても、ちょっと箸をやすめたとたん、汁のついた箸の半分が、たちまちハエの群れに占領され、まっ黒い棒に一変する。

夏の日暮れどき、庭先であくびでもしようものなら、蚊柱を立てて飛びまわるなかの一、二ひきが、口のなかに飛びこんでくる。まずはハエやカの天国といってよかった。

そんな経験をしたことのある日本人は、新生中国のいぶきにビックリしたものだが、それから三十年後、改革・開放下の八〇年代後半になると、四害は六害にふえ内容もガラリと変わる。賭博、ポルノ、売春、麻薬、婦女誘拐と人身売買、迷信・邪教という社会悪の登場である。

まあ、そんな関係のない話は別にして……。ここでは、参加させることに政治・思想教育上の意義がある大躍進時代の《運動》の進めかたを、ひややかに見つめてみたい。

『北京三十五年』（岩波新書）のなかで山本市朗さんが、スズメ退治のことに触れたくだりがおもしろいので、要点を引用させていただく。

北京ではスズメ退治の日になると、一家のだれかひとりが、一日中、家の屋根に上り、赤い布切れを先につけた竹ザオを振りまわし「ホー、ホー」と大声をあげ、いっせいにスズメを追った。どこにも羽を休めるところがなくなったスズメは、疲労困憊のあげく地面に落ち、待ちかまえていた子供たちが手づかみで捕まえる。夕方、衛生局からのトラックが死んだスズメを集めてまわり、加工工場へ運んでゆく。

こうして、北京市内にはスズメがいなくなったが、翌年から郊外の農村では作物の虫害がひどくなり、その傾向が全国的にもひろがった。そこで益鳥としての名誉回復が行われ、北京でもスズメの姿が見られるようになった。

モンゴル高原のウーシン旗での四害撲滅運動の成果も、記録されている。この年の秋から冬にかけて全住民を動員した結果の数字だ。たんねんに勘定したものだが、スズメは百二十七万七千五百羽、ネズミは百十三万一千二百匹が捕殺された。住民ひとり当たりにすると、スズメは四十羽、ネズミは三十匹弱となり、ハエとカは数えきれないほど多かったそうだ。

つまり、中国の政治運動とは全員の参加が前提なのだ。シャルリグの人民公社が、一九五八年冬から開始した農地の「深耕」も、全国の流行に合わせて幹部が音頭をとった運動である。運動だから、幹部は公社員の全員を参加させることに意義を見いだし、公社員である牧畜民は、深耕の意義が理解できないまま、なれぬ重労働にアゴを出した（写真24）。

だれが決めたかはわからない。ウーシン旗全体では深さ一メートル以上の深耕が二百四十ヘクタール、一メートルは二千五十ヘクタール、三十五センチ前後が四千二百七十ヘクタールとされた。

シャルリグ公社へのノルマは、深さ一メートルの深耕だった（写真25）。オルドス一帯の土地は、レンガ色をした黄土層で形成されている。小石まじりの表土を十センチか十五センチもはげば、下は何メートルも黄土がつづく。酸性の黄土層をいくら掘り返しても、有機肥料をふんだんに鋤《す》きこまないかぎり、沃土への転換はできない。

しかも冬をむかえ、こおりかけた土は、容易に鍬や犂を受けつけない。体力のあるボロルダイら男性社員でも、こたえる作業だったから、スチンカンルはじめ女性社員らには、苦行といってよかった。その間にも現場会議や、軍事訓練は相変わらずつづく。

三、四十センチ程度の深耕なら、中国本土の穀倉地帯では、ある程度の増産効果があったかもしれない。しかし経験のないオルドスの《にわか農民》には、いわれたとおりにやるしかなかった。関連して「密植農法」もさかんに宣伝された。

「北京近くの農村で、うまくいったという話、聞いたかい。深ぁく耕して、麦を、ベタ一面にまくんだ。それから、麦が穂を出してくるだろう」

「そりゃ、出すだろう。出なかったらワヤやがな」

写真 24：壁の毛語録は「深く洞穴を掘り、戦争に備えよう」という内容。その指示通りにポーズを取る内モンゴルの人たち。

写真 25：オルドス高原における深耕作業の風景。写真に写っている女性は後に中国全国の労働模範に選ばれた。（著者提供）

「まあ、黙って聞きなよ。それでな、ビッシリ植わった麦から、穂もビッシリと立つ。たいしたもんだそうだ。その上に子どもを載せてもだな、麦はビクともせず倒れないというぞ。ほんとの話だ」

「へー。でもな、わしらのところじゃ、麦はつくれないぞ。キビならどうなるんだ？」

「わしは知らんよ。お偉い幹部が考えとることだろ」

作業のあいまには、そんな牧畜民たちの会話もあったにちがいない。

じっさい、麦の穂の上に笑顔の子どもを座らせた「密植による大増産（？）」を示す写真は、中国だけでなく日本の大手新聞にも載って、いっときの話題となった。常識をくつがえすこの農法、事実なら世界の飢餓は完全に追放されただろうし、間もなくおとずれる中国農村の危機もなかったはずである。

では、なぜ失敗に終わったのか。ビッシリ密植された麦畑には、風が通らない。畦に送風機を置いて風を送ろうが、まったく効果が上がらなかった。いたずらに病害虫の温床になるばかりだったのである。しかし失敗の話は新聞では伝わらない。

内モンゴル自治区シャルリグ公社の牧畜民たちは、ノルマどおりの深耕作業にとりくむ以外、道がなかった。冬の日は短い。ノルマを達成するために「夜戦」と称して、夜も二時間の作業が割り当てられた。月がない晩は、星明かりのもとでの労働である。こんなとき遊牧民の子孫であるかれらは、夜目のきく身のありがたさを、天の神さまに感謝していたのだろうか。

先にも述べたように、シャルリグ人民公社は、四つの生産大隊で構成され、一大隊には約百四十戸の牧畜民家庭が参加していた。しかし作業に出るのは、労働力のある男女を主とし、年寄りやからだの弱い者、あるいはそれを介護する者はのぞかれていたから、一戸からひとり、ないしはふたり、といったところだった。

ボロ・ガトンとスチンカンルの弟バウ夫婦も、シャルリグ公社で牧畜民たちといっしょに農作業をやらされていた。農業公社というより、牧業公社の性格が強かったから、マルの放牧にはモンゴル人を使うほうがよかったはずである。だが、どうしたわけか、放牧は陝西省から移住してきた中国人農民にやらせ、モンゴル人牧畜民は農業にかり出された。

とくに「出身の悪い」モンゴル人は、全員が農作業だった。農業は「苦」であり、放牧は「楽」という考えが、共産党や人民公社の幹部にあった。それ以上に、モンゴル人に農作業を命じることで、中国人への同化、「文明化」を強制しようというねらいがあった。

ボロ・ガトンは農作業の疲労にくわえ、地下の横穴生活がストレスとなったのか脳卒中で倒れ、西公シャンの自宅に戻された。この看病にはバウの嫁があたることになる。

王公貴族を打倒せよ

その日……。

開墾地の草原でひらかれた現場会議は、異常な緊張感に包まれていた。数人の人民解放軍兵士をひきつれた中国人幹部がひとり、旗政庁の所在地ダブチャクから派遣されてきていたのだ。名をガルデという旗政府法院（裁判所）の司法官である。

草原に腰をおろした公社員らは、ガルデが何をきり出すか、不安を押し殺すようにして待った。

――いったい、なにがはじまるんだ。

武装した人民解放軍兵士の登場など、最近にはないことである。

手をうしろにくんで立ったガルデは、ひとわたり社員らの顔を眺めまわした。スチンカンルとボロルダイの姿に目をとめると、口もとにかすかな笑みが浮かんだ。かれが「これから、じっくり料理してやるからな」という冷酷な喜びを、胸のうちにかくしているのは明らかだった。

「同志諸君は連日、開墾地の深耕作業にとりくんでいる。まことにご苦労である。食糧の増産はいまのわが国に欠かせない。そのための開墾であることは、同志諸君も十分、承知しているとおもう。しかしだ。このわれわれの仲間に、反革命分子がまぎれこんでいたとしたら、いったい、どうなるとおもうか？」

ひと呼吸おいたガルデは、聴衆の反応をたしかめて、あとをつづけた。

「毛主席はこういっておられる。『現在、反革命分子たちの情勢はどうなっているか。それにはふたつの見方があり、一部の連中はこういっている。反革命分子は、もはやいなくなって天下は太平、枕を高くして寝ていられる、と。だが、それはちがう。実際には反革命分子は、まだまだおるのだ。かれらとの闘争は、こんごなお継続しなければならない。われわれの内部に潜伏している反革命分子を粛清しないかぎり、やつらの活動を阻止することはできない。かれらは騒ぎを起こすチャンスをねらっているのだ』。主席は、そうおっしゃっている。いいか！」

念をおしたガルデは、

「そういう階級敵は、一日も早く洗い出さねばならん」

と、のばした右手の人差し指を、ゆっくり一人ひとりの顔にあててゆき、ボロルダイとスチンカンルのところでピタリと止め、

「ボロルダイ、スチンカンル、立て！」

大声で命じた。

立ち上がった夫婦は、武装した人民解放軍兵士がかけ寄り、ふたりをうしろ手にしばり上げた。アッというまもない素早いタイミングに、スチンカンル夫婦は呆然自失の態である。他の公社員たちには、なにが起ころうとしているのか、成り行きがのみ

こめなかった。

うしろから兵士にこづかれ、前に押し出された夫婦に、ガルデはまた声を荒げた。

「この反革命分子ども！ さっさと罪を白状せい！」

――えっ。わたしたちが反革命？

まだ事態がのみこめぬスチンカンルだった。

――罪とは、いったいなにを？

ボロルダイにもわからない。答えようがないのだ。

……と、ガルデが拳をふり上げて叫んだ。

「王公貴族を、打倒しよう！」

「スチンカンルとボロルダイを、打倒しよう！」

いならぶシャルリグ公社の幹部たちが、あわててそのスローガンに声を合わせた。

同調しなければ、自分の番がまわってくるかもしれない。

まさに一年前の大衆討議集会で、夫婦が吊るし上げられたときの再来である。だが

そのときは、しばられてもいなければ、司法官のガルデも解放軍兵士もいなかった。

今回は様子がいささかちがう。なんとしてもかれら夫婦を、《生贄》にしなければ

との意図がみえていた。

スチンカンルは西公シャンの王女だったという《悪い階級》の出身である。それだ

けでなくシャルリグでは、副区長にも推されたインテリ女性である。「積極分子」として彼女が登用されたころは、まだ階級区分が実施される前だからよかった。しかも幹部らは当初、スチンカンルの人気を利用しようと考えていたのだ。

いまや時代は一変した。インテリというだけでも党には目ざわりな存在だし、王公貴族の出身となれば、たとえ本人の人気があろうがなかろうが、階級の敵とみなされる世相であった。夫のボロルダイとともに一心にはたらき、牧畜民の評判がよかったことも、かえって幹部らのいらだちを誘ったのかもしれない。

彼女ら夫婦を見せしめにすれば、牧畜民たちも共産党の方針におとなしくついてくる、という狙いもあったろう。ガルデは、

「黙っているのは、罪を認めることだな」

「そんな……」

「弁解は聞かなくともよい！　では、毛主席の『紅旗初級社』を、分裂させた目的はなんなのだ？」

ガルデはスチンカンルらの発言を封じて、ねちねちとした尋問口調をやめない。

「おまえらの初級社は《火》星社といったな。紅旗社に火をつけるつもりで、そんな名前にしたんだろう」

「そうか、独立王国をつくって、封建社会に逆戻りさせるつもりだったのか。なるほ

ど」

「共産党員を孤立させたのも、社会主義を転覆させたかったんだな。そうだろうが」

反革命の罪とはそういうものだ、と公社員たちに聞かせて、ガルデはジェスチャーたっぷりに、一枚の紙をヒラヒラと目の前でふった。

「これは認罪書だ。いま、おまえたちが認めた罪が、のこらず書いてある。ここへ拇印をおすんだ」

スチンカンルもボロルダイも、激しくかぶりをふった。

「毛主席に誓う！　わたしたちは反革命的な行動など、絶対にしていない」

「いや、いやです」

いくら抗弁しても、ガルデの書いた筋書が変更されるはずはない。

「やはり反革命分子は、骨の髄まで腐っているな。兵士！　あいつらに認めさせろ！」

ガルデの命令に、うしろ手の縄をといた兵士が、ふたりの手をおさえつけて認罪書に拇印をおさせた。

お膳立てができたら「判決」である。

「ボロルダイ、労働改造四年」

「スチンカンル、法律管制三年」

夫のボロルダイは翌日、遠く、北の包頭にある石材工場に護送された。スチンカンルは地元のシャルリグで、「法」の監視下におかれながら、強制労働の三年間を送ることになった。それが「法律管制」の意味するところだ。まさに、草原で開かれた人民裁判である。人民裁判はいっさい、法的な手続きをふまない。しかし、その人民裁判を当時は法律管制と呼んだ。人民こそが法をにぎっているという建て前だった。フランス革命同様、人民裁判は法に対する否定である。

夫婦の頭上に重くのしかかった黒雲。三年先か四年先か、いつか晴れあがってくれるなら、一縷の希望がある。だがこれが、スチンカンルにとっての、長くて暗いトンネルの入り口になるとは、彼女自身にもわからなかった。

病んだ母に会えぬ「黒五類」

開墾地の深耕運動が終わってのこされたのは、出身階級重視の政策だった。スチンカンルがはられたレッテル、反革命分子は当然だが、当時はこのほかに地（牧）主、富牧農、右派反動、悪質分子を合わせた五階級を「黒五類」と呼んだ。

シャルリグで「黒五類」とされたうち、スチンカンルら二十人に、新しい労働奉仕が課せられた。ウルジイチャイダムにある「八・一農場」の家畜囲いをつくる仕事である。

「八・一」とは、中国人民解放軍の建軍記念日である八月一日をさし、退役軍人やその家族がつくった国営農場は、八・一農場と呼ばれた。

中華人民共和国の成立後、全国いたるところに八・一農場ができたが、内モンゴルのウーシン旗のこの農場（地元では八・一牧場と呼ばれた）は、河南区南部につらなる陝西省・靖辺《せいへん》から移住してきた中国人の退役軍人と、家族らの生活の場になっていた。いわば、中国人移民からなる、開拓農場だった。農場長は銭玉宝《せんぎょくほう》という男だった。

家畜囲いが完成するまで、およそ一カ月かかった。できあがったのは十二月の末、陰暦では十一月二十四日の夕刻である。この日はオルドス西部のモンゴル人には、年間大祭のひとつ「拝火祭」にあたる。

拝火祭では、チンギス・ハーンをまつる祭殿「八白室」の前に、犠牲である羊の丸煮三頭をささげて祈り、往時はオルドス各旗の旗王らが参列する盛大な祭りであった。

拝火祭の当日から十日間、モンゴルの牧畜民は休みにはいる。が、「黒五類」には休みが与えられない。家畜囲いの仕事が終わった二十四日の日没後、銭玉宝農場長がスチンカンルに命じた。

「あすの朝、太陽が昇るまでに、マントグ家に到着すること。いいか、そこで新しい任務を待て」

「はい」

と、答えたものの、人民公社幹部のマントグ家は、農場から西へ二十キロも離れている。この季節の日の出は八時半ごろ、馬ならばともかく歩いてゆくとすれば、夜半すぎには出発しなければならない。

昼間はさほどでもなかった寒風が、シベリア高気圧の張り出しとともに、日が沈むころから強まっていた。マイナス二〇度までは下がっていた時期だ。

——どうしたらいいのだろう。

考えあぐねる彼女である。

気丈な男でも、真冬の深夜のひとり歩きは、あまりいい気持ちはしない。灯のない荒野の道を、女ひとりでたどる心細さが胸にせまる。とくに拝火祭の期間中、二十四日から二十九日までは、夜間の外出をさけるのが、モンゴル人の風習だった。

地獄の釜のふたもあく、といわれる日本のかつての「盆」は、ふだんは休みをあたえられない奉公人が、年にいちどの藪入《やぶい》りを楽しんだ機会である。町の盛り場は人出でにぎわい、村の夜は盆踊りでふけていった。

モンゴルでの拝火祭の期間中は、閻魔《えんま》が地獄の鬼どもを解放するといわれ、とくに鬼をこわがる女、子どもは夜の外出をいやがる。スチンカンルにしてもそのおびえがあった。

銭農場長がくだした命令には、それを承知の隠微な考えがかくされていた。むしろそれが、ねらいだったことが、あとになってわかった。

——おまえのほうが「牛鬼蛇神《ニユウクイシヨウシエン》じゃないのかい。たとえ地獄の鬼どもが出てきても、仲間同士なら、こわいことなどあるまい。朝早くマントグの家に着いたところで、すぐさま新しい任務があるわけではないのだ。

牛鬼とは、牛の顔をした化けもの、蛇神とは、からだが蛇の化けものをいい、妖怪変化のことである。反革命分子など黒五類分子は、一括して牛鬼蛇神と呼ばれていたのである。

風はますます強くなり、沙塵をまき上げて吹きつのる。その沙嵐を農場内でさけていたのか、馬をひいた中年の男の姿が、スチンカンルの目にとまった。

——ああ、よかった。隣の家のチロじゃないの。

途中までても、いっしょに行ってもらえば助かる、と頼んでみたが、

「反革命分子とは、いっしょには行けないよ」

と、ニべもなく断られた。

チロとはシャルリグ郷に互助組ができる以前からのつきあいであり、スチンカンル夫婦が、最初の合作社設立に忙しかった当時、彼女の家の家畜の世話までしてくれたよき隣人だった。

たしかに、二年という《時》がすぎ、事態は変わった。事態は変わったが、人の心がこれほど変われるものかと、チロの返事を聞いたスチンカンルの衝撃は大きかった。

写真 26：オルドスの郡王旗王の次男の屋敷。いまのオルドスにのこる唯一の貴族邸。2005 年夏撮影。

母が住む西公シャンの家は、八・一農場から西へ七キロ、マントグ家へ行く途中にある。オルドス高原ウーシン旗西部一の豪華さを誇った西公シャンの屋敷は、一九五四年には革命を叫ぶ民兵の破壊にあい、いまや往時の面影はない（写真26）。

宮殿の土塁はとりこわされ、荒れるにまかせた庭にのこるレンガづくりの小屋では、中風で寝こんだ母ボロ・ガトンと、その姑を看病する弟バウの嫁だけが、ひっそり暮らしていた。バウは人民公社の横穴に寝泊りしていたのである。

「法律管制」という名の人民裁判の刑を受けてから、スチンカンルは西公シャンに足を向けていない。母親が脳卒中で倒れ、寝たきりになっていると人づてに聞いてはいたが、その後の容体がどうなのか、心配だった。

——すこし早めに出て、西公シャンに寄ってみようか。

風がおさまりそうもないとみた彼女は、出発の準備にかかった。下にはシャツを何枚もかさね着し、裏に毛皮がついたモンゴル服を上からシッカリと着こむ。

荷物はいつも自分が使っている布団と、鍬が一丁だけ。それに、当座の食糧である五キロほどの炒ったキビ。袋にいれたキビは布団でくるみ、十文字に縄がけして背負えるようにする、防寒帽の上から、これも毛皮つきのフードをかぶり、顔をおおった。これはまるで中国人難民のような姿である。というのも、モンゴル人は絶対に布団を背負って出かけたりしない。

北風はなおやまず、気温も氷点下二十数度にまで下がった。それでもスチンカンルは行かねばならない。少しでも風をさけられる丘陵下の道を選び、ひたすら歩きつづけた。

背中の荷に横風をうけ、何度も吹き飛ばされそうになった。彼女はそのつど身をかがめ、歯をくいしばって耐えた。

——どんな罪を、わたしが犯したというのか。反革命とは、西公シャンのアブハイ(王女)に生まれたことなのか。

彼女には、これまでの三十一年の人生を振り返って、やましいことはなかったという自信があった。人より一所懸命に働いてきたし、牧畜民のためにも、抗日戦を戦ってきた兵士のためにも、尽くしてきた事実があるだけだ。

三時間余りをかけて、やっと西公シャンに着いた。着いたものの、戸をたたくのがはばかられる。深夜とはいえ万一、家にはいる姿をだれかに見られたら、人民から裁判でいいわたされた「法律管制」の禁を犯したとして、さらに罪が重くなる。

くずれのこった垣の上に荷物をおろし、ホッとため息をついて、あたりを見まわした。暗くてよくわからないが、また建物が減ったような気がする。

——どうしよう。母のようすを知りたいのだが。

と……。虫が知らせたのか、小用に起きたらしい弟の嫁が出てきたではないか。

おもわずスチンカンルは声をあげた。

「わたし、スチンカンルよ、ここ、こっち」

驚いた弟の嫁がかけ寄ってきた。

「ねえさん？　こんなに夜遅くどうしたの？」

それには手みじかに答えた彼女は、母親の病状をせきこんで尋ねた。

オルドスでは、中風で寝こんだ病人には、外の冷たい風をあてないようにと、窓までレンガでおおい、密封状態にした部屋で療養させる。古くから伝わる民間療法だった。

「そう、よかった。部屋もつくってくれたのね」

病状も好転していると聞いて、スチンカンルは胸にあふれる安堵のおもいをかみしめた。

拝火祭の夜の葛藤

西公シャンから、スチンカンルはふたたび西を目指した。少しずつ回復しているという母の容体に、心が軽くなったはずの彼女だが、なぜか背中の荷物が肩にくいこみ、足どりも重くなった。

――やはり、ひと目でも母に会っておくべきだったか。

弟嫁の「お母さんに会って」というすすめをことわったのは、母親に心配させてはならないという気持ちのほかに、みじめな自分の姿を母の眼前にさらす勇気がなかったからだ。それがうらめしく、また情けなかった。

西公シャンが建つグルビン丘陵のはずれに、楡《にれ》の木の林があった。この地に居をかまえた先々代のバラジュル公と弟のラクワジャムソが植えてから、もう百年以上はたつ（写真27）。どの木も立派に育っていたが、林の北端にひときわ目だつ大木がある。子どものころよくここで遊んだスチンカンルは、立ち去りかねて大木の下にすわりこんだ。

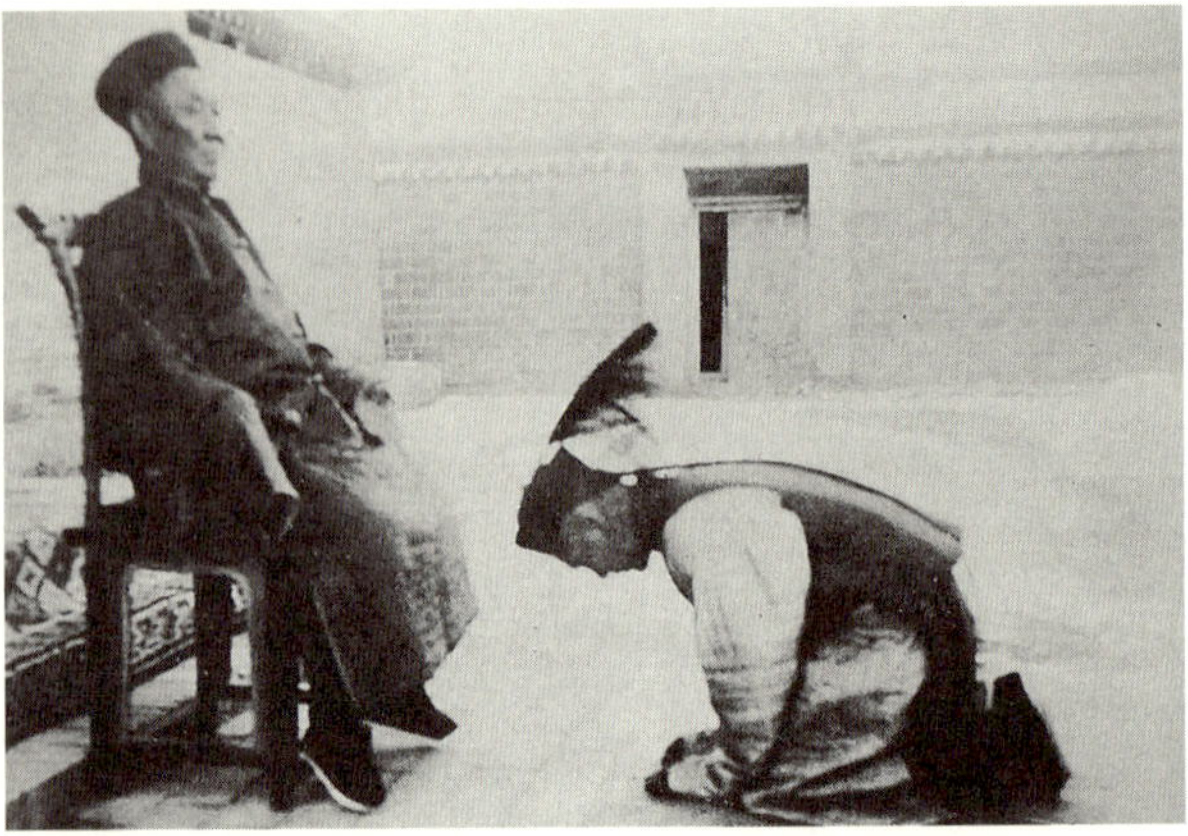

写真27：西公シャンで従者から跪拝の礼を受ける高僧ラクワジャムソ（ウー・ラヌとも）。彼はシャルリグ寺の住職で、西バラジュルの弟である。ベルギーからの宣教師が撮った一枚。

梢を鳴らして吹きすさぶ風も、大木の根もとは避けて通る。細い下弦の月が、梢ごしに大きく揺れている。だが彼女の感覚は、それら外界の刺激に反応しなかった。

——弟の嫁がなにかいってたわね。

彼女は西公シャンの宮殿がまた取りこわされる、という話をおもい出していた。たしか、河南人民公社から中国人大工が数人はいり、解体工事にかかっているとも話していた。その古材を利用して、共産党革命委員会の本部を建てるのだそうだ。

清朝時代に西公バラジュルが北京から大工の棟梁を呼び寄せ、紫禁城の乾清宮に模して建てた宮殿様式の家屋のなかの一棟で、陝西省から買いつけた木材が、ふんだんに使われていた。それが封建社会のシンボルとしてこわされ、共産主義の実現を目指す革命委員会の本部に変わる。

――《時》とは、いったい、なんなのか。

両親にかわいがられて幸せに育った幼時、

父の死にともなう没落の時代、

抗日戦下の乳しぼり、

ボロルダイとの結婚、そして長男の誕生、

積極分子として選任された婦女主任当時、

合作社時代の苦労、

反革命のぬれぎぬと人民裁判の「法律管制」。

スチンカンルの脳裏に、フラッシュバックのように来し方がまたたいた。

――わたしのどこが反革命なの？

おもわず楡の木の根もとに、拳をたたきつけた彼女は、忍耐の限度がプツンと切れて、荒野に生きる狼の咆哮《ほうこう》をおもわせる声で号泣した。

判決をいいわたされたときも、夫が共産党によって包頭に護送される朝も、涙を見せなかった彼女である。それは、泣けば自分の罪を認めることになる、という心の張りだった。

悲しみは涙を呼ぶし、涙はまた悲しみをかきたてる。一度せきを切った涙は、簡単には止まらない。

——世間の人はみんな、家に帰って正月を休むのに、どうして、わたしだけが、それを許されないの！

——それも拝火祭の二十四日だというのに、夜道をひとりで歩かされるなんて、ひどい。ひどい！

「お母さん！　看病もできなくて、ごめんなさい。早くよくなってね」

涙声でつぶやきながら、スチンカンルは周囲にひろがる木の枝を見まわした。手は布団をしばった縄をほどきにかかっている。知らずしらず、自殺を考えていたのだ。

——だけど息子のエルデニはまだ小さい。わたしが命を断ったら、どうなるだろう。いや、まだ小さいから、そのうちに忘れてくれるかもしれない。

日ごろ冷静な彼女も、おもい乱れる論理の矛盾に気がつかない。縄を手にしたまま涙もぬぐわず、しばらく放心状態がつづいた。

——なんの便りもないけれど、夫は、とおく包頭の石材工場の仕事になれたかしら？からだは丈夫だし心の強い人だし、わたしが首をつったと聞いても……。

そのくらいの打撃からは、立ち直ってくれるにちがいないと考える。

しかし母親はどうか。

──お母さん！　許してくれる？

病床の母の顔をおもいうかべようとしたが、スチンカンルは倒れた母と一度も会っていないのだ。

──そうだわ。そうよ。お母さんにはあれ以来、ずっと会っていない。

大躍進運動の高まりのなかで「劉胡蘭隊」が組織され、西公シャンに近いグルビン丘陵の開墾地で、四日四晩の除草作業が終わったとき、母の顔を見にちょっと立ち寄ったのが最後だった。

それからは人民公社の設立、畑の深耕運動とつづき、反革命分子にされたあげく、八・一農場での使役にかり出された。母のボロ・ガトンが脳卒中に倒れたのは、その間のことである。

スチンカンルの手は、なお縄をかたく握っている。その手がぶるぶる震えだした。

──わたしが自殺したら、お母さんはどうなる？

誇りたかい《黄金家族》のガトンだった母、父の死後は屈辱と貧困にも負けず、女手ひとつでわたしたちを育ててくれた母、「解放」後の激変にもあわてず、これまで生きぬいてきた母。その母はいま病床にあった。

夫と息子の未来は振り切れたスチンカンルだが、母の現在だけは否定することができなかった。それがなぜかは、彼女にもわからなかったろう。

般若心経は「色即是空、空即是色」と説いている。色は現実の形であり、空は非現実、いいかえれば一方は存在で、他の一方は無だという。

未来は、おもいえがくことができても、現にいま存在しない無（空）の世界である。だから切り捨てられるのかもしれぬ。だが現在とは、現実の姿（色）が見せてくれる存在感なのだ。それを「色即是空」とばかりに否定できれば、スチンカンルの死は完結するはずであった。

葛藤のはて、死をおもいとどまった彼女は、もう一度、荷物をくくり直した。

――未来を切り捨てることができるなら、すでに非現実となった過去も捨てられるはず。そう、おまえの身に起きた過去のことだって、葬りさることはできるでしょうに。スチンカンル。きょうを生きていけばいいのよ。

母親がそうさとしてくれたようにおもう。

――ありがとう、お母さん。だけどわたしは、これまでのわたしは、この木の下で死んだのよ。

一度死んでしまえば、人民裁判による迫害をおそれることも、まして地獄の鬼をこわがることもない。ただ現在を自分に忠実に生きてゆくだけでいいのだ。

後年、彼女は、

「自殺したいとおもったのは、あとにも先にも、あのときが一度だけ」

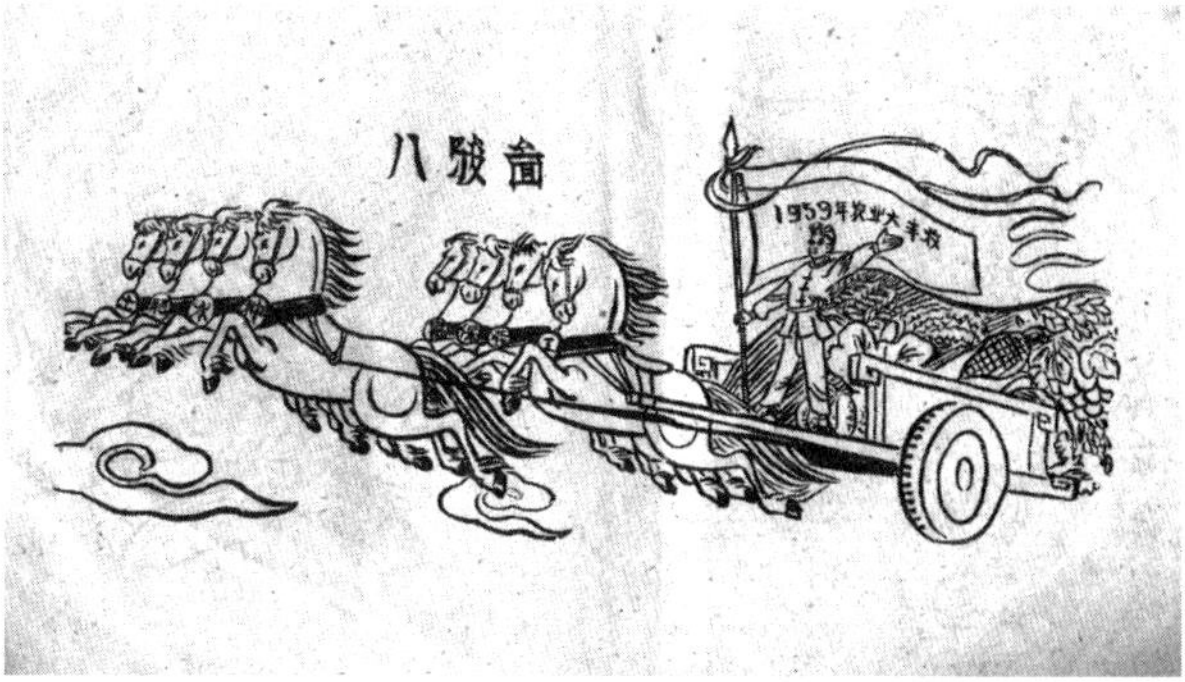

写真28：豊作になったとされる1959年を描いた中国のプロパガンダ絵。事実は逆だった。

と語っている。

モンゴル人王女スチンカンルの一九五八年（昭和三十三）はこうして暮れた。そのころ日本では、十一月二十七日に皇太子殿下の明仁親王と正田美智子さん（現在の上皇・上皇后両陛下）の婚約発表があり、翌年四月十日のご成婚式まで《ミッチー・ブーム》に沸いていた。

豚小屋で寝られた喜び

一九五九年は毛沢東の中国にとって、好ましくない事態が頻発した。中国「解放」十年目の節目にあたる年だったが、大躍進運動の失敗が表面化し、穀倉地帯で自然災害が発生する（写真28）。さらには中ソ対立が激化し、外交面での緊張もおとずれた。

当時の日本社会党委員長・浅沼稲次郎氏（社会党訪中団長）が、北京の中国人民外交学会であいさつし、「米帝国主義は日中両国人民の共同の敵」と発言したのは三月九日のことである。
その三月、まずチベットでことが起こる。ここでは、それらを年表でおってみる。

三月　チベットで大規模武装蜂起。ダライ・ラマ法王、中国軍に追われてインドへ脱出。
四月二十七日　第二期全国人民代表会議で、劉少奇が国家主席に。毛沢東は党主席に専念。
六月　黄河、揚子江流域の穀倉地帯に大旱魃。この自然災害は洪水被害をふくめ、六一年秋までつづく。
同二十日　ソ連、国防新技術に関する中ソ協定を破棄。
七月十四日　国防部長・彭徳懐《ほうとくかい》が「三面紅旗」を批判。
八月二―十六日　廬山《ろざん》会議（中共八期八中全会）で、中ソ対立と大躍進運動についての論戦。
八月七日　インド東北国境で中印軍が衝突。
九月十二日　彭徳懐将軍の国防部長解任。後任は林彪元帥。
同三十―十月三日　フルシチョフ・ソ連首相の中国訪問。毛沢東との会談で、中ソの意見対立が激化。

十月二十日　インド西部国境で中印軍が激突。

チベット高原（これには青海省と四川省西部を含む）で大規模武装蜂起が起きたとき、チベット仏教の信者が多い内モンゴルでは、自治区政府の警戒心が高まった。オルドスのウーシン旗からも位の高いラマ僧十数人が、政治学習のため自治区の首府・フフホトへ召喚された。このとき、内モンゴル自治区から二個師団の騎馬軍がチベットに派遣され、もっとも危険な地帯での作戦任務に当たっていた。夷を以て夷を制す政策である（楊海英著『チベットに舞う日本刀』文藝春秋）。

さらにこの年六月にはじまった農業災害は、全国的な食糧難をひきおこした。主食の配給量は地方によって多少のちがいはあるが、北京では成人ひとり当たり一カ月約十五、六キロと、決して少ない量ではなかったようだ。

問題はその内容である。小麦粉、米、アワなどの「細糧《シイリャン》」が減って、コーリャン、トウモロコシの粉といった「粗糧《ズウリャン》」が多くなったのである。

米の「代用食糧」として豆かす、コーリャン、トウモロコシ、サツマイモが配給された日本の敗戦前後の事情にちかかったかもしれない。余談だが、当時「農林1号」と呼ばれたそのサツマイモは、大根のように水っぽくて味がなく、農家では牛のえさにする程度のものだった。

内モンゴル自治区ウーシン旗の人民公社では、イモなどの粗糧をふくめた主食供給量は、一日ひとり四百グラムだったが、「一年十二カ月分の食糧を十三カ月に食いのばそう」との節約命令が出たため、一日三百グラムに減らされる。

一九六〇年春三月、内モンゴル自治区は「内モンゴルを、祖国の北部における強大な鋼鉄、農業、牧畜業、林業の基地に仕立てあげ、社会主義の新しい辺境を建設する」という政策を打ち出した。ウーシン旗はこの政策にしたがい、新たに一万四千ヘクタールの開墾を決定した。

前年までの開墾地は、一万七千四百ヘクタールにおよんでいたから農業用水が足りず、新規開墾地の造成には、水利灌漑施設の増強が急務とされた。このためシャルリグのアドン・ドカイで、無定河の水をせきとめるダムの建設がはじまる。アドン・ドカイとは、モンゴル語で「馬群のいる河川地帯」との意で、文字通り、かつて西公シャンの夏の放牧地になっていたところだ。

人民の監視下（法律管制中）のスチンカンルは、この工事にも徴用された。動員された労働力は、中国人、モンゴル人をふくめ、総数二千人をこえたろうか。八十人を一中隊とする軍隊的な編成で、総司令には八・一農場長の銭玉宝が、その下には一般労働者を掌握する中国人の指揮官がおかれた。もちろん、実権は中国人の掌中にあった。

現場への出動は、まだ明けそめぬ朝の四時。空気には春の気配が忍び寄っていても、手足の冷たさはいっこうにゆるまない。草原に赤い太陽が昇りだすと、やっと人心地がついた。朝食の時間が近づくことも、一因だったのだろう。

だが、午前八時からの朝食休憩時間はわずかの十五分、それも百グラムのトウモロコシ粉の蒸しパンがひとりにたった一個、配られるだけであった。昼食は午後一時から半時間の休憩時にとる。ひとり二百グラムのアワ粥だから、飯碗にして二杯はあったろうか。

そして夕食は……？　パンも粥も支給されなかった。全員が作業現場で野営し、家へ帰って羊の乳をのむことさえできなかった。一日二食の給与であった。いかに食糧不足とはいえ、これでダム建設の重労働に人民公社員をかり出したのである。

もともと遊牧生活主体の食生活の習慣が身についていたモンゴル人である。それが家畜を公有化したことから、バターなどの脂肪分を十分にとれなくなっていた。ダム建設工事中の食事はさらにひどく、ビタミンや繊維分を補給する野菜も欠けていた。このため栄養不良と胃腸疾患でたおれるものが続出し、あげくには死んでゆく牧畜民も出た。

それでも銭総司令は、作業の中間休みはとらせないし、夜は夜で随時、緊急集会を招集する。テントを張った野営用の天幕ゲルは、総司令と指揮官らが寝とまりするひと張りしかない。労働者は各自が持ってきた布団をかぶるだけの、まったくの露営だった。

スチンカンルがこれほどの酷使にたえられたのは、母親ボロ・ガトンの、娘を気づかう人にはいえぬ飢餓克服食のおかげだった。このころは病気も回復し、日常生活に不便のなくなっていた母親は、娘にそっと自家製の非常食をもたせていたのである。

では、どんな非常食だったのだろう？

落ちぶれた西公シャンの台所に、余分な食べものがあるわけはない。スチンカンルが夜ひそかにかみしめ、少しでも飢えをしのぎながら、かろうじて栄養のバランスをとっていたのは、ターナという野生ネギと、肉をいためて乾燥させたものである。

ネギといっても春先の草原に、細い緑の葉を伸ばす野生種である。ニラやノビルに似て、夏にはネギぼうずのような、かれんな白い花をつける。これを食用に摘もうとすれば、灌木の生える丘陵をはじめ、日だまりの草原をかなり丹念にさがし歩かねばならない。

ならば、肉は？　公有化された家畜を、勝手につぶすわけにはいかない。いったい母親は、どこで手にいれたのだろう。いまのわたしたちには、とうてい想像さえできまい。

冬の寒さに斃死《へいし》して、灌木林に捨てられた家畜から、切り取って持ち帰った肉をコマ切れにし、天日で乾燥させたものである。モンゴルなど、ユーラシアの遊牧民は屍肉を絶対に口にしないのが、古代からのならわしだったが、このときはそれ以外に飢えをしのぐ方法がなかったのだ。

ダムの基礎には、代々住んできた西公シャンの屋敷をつぶし、運ばれてきた土台や木材も使われた。上流でせきとめられ、水量の減った河床に投げこまれる太い柱が、むかしの栄華のあとを伝えていても、スチンカンルには感傷をいだいているゆとりはなかった。積み上げられた残骸の上に、土を運び粘土をぬり固め、毎日、黙々と作業をつづけた。

ダムが完成すると、谷沿いの低地帯で水田づくりがはじまった。彼女はもちろん、牧畜民の多くは米をつくる水田など、これまでに見たことも聞いたこともない。内モンゴルでも東北地方（旧満洲）はいざ知らず、オルドスでは初の墾田である。スチンカンルには、まったくの新しい経験だった（写真29）。

土を耕した畑に、水をひくだけでは水田には変わらない。しかも新規の水田だから、畦づくりがむずかしい。どこにどの程度の畦道をつくればいいか、ズブの素人には判断がつかない。いくら努力しても、まっすぐな畦ができないのである。

反革命分子の彼女に、助言や指導をしてくれる者はひとりもいなかった。いないだ

写真29：オルドス高原西部を流れる無定河の冬。モンゴル語でシャラスンゴール河といい、新石器時代の遺跡が多い。1991年冬撮影。

けならまだよかった。やっと畦が一本でき上がったとおもうころ、どこからか指揮官があらわれては、大声でどなりつける。

「なんだ、これは！　一直線になっとらん。畦はまっすぐでなければいかんのだ！やり直せ」

彼女の手から鍬をひったくり、できたばかりの畦をつぶして歩く。陰険きわまりないやり方だった。

それはまあ「よし」としよう。どこの社会にも《鬼軍曹》的な人間はいるものだ。彼女にとって耐えられなかったのは、畦をつくり直しているうちに、昼食時間が過ぎてしまうことである。

たったアワ粥一杯か二杯の昼食にせよ、一日二食のうちの一食分が削られるのは、拷問にまさる体罰だった。それが二日、三日とくりかえされる。ダムづくりのあいだは、どうやら健康を維持してきた彼女にも、体力の限界がおとずれた。飢えと疲労で高熱を発し、ついに立てなくなってしまったのだ。

「仮病ではないだろうな。ドクダンに診察させて、結果を報告せよ」

ドクダンとはチベット医学を学んだモンゴル人の医者である。指揮官のひとりに、そう命じた銭総司令だったが、ドクダンの診立ては楽観をゆるさなかった。

「このまま放っておいたら、まず助からんでしょう。熱が高いから夜寝かせるところが問題でしょうな」

という報告だった。

前にも述べたように、テントを張ったゲルは、幹部宿泊用のひと張りだけで、他はうすい布団一枚の露営である。銭総司令は幹部会議を招集して善後策をねった。

「……というわけだ。これまでも病死者が出ているし、なお、ひとり、ふたり死んでも、どうということはないだろうが、スチンカンルは旗政府から法律管制三年の処分を受けている。それを知らんふりして見殺しにしたなどと、あとで問題にされては面倒になる。しばらく彼女の待遇を改善してやろうとおもうのだが」

待遇の改善、そういうと聞こえはいいが、回復するまで野宿をさけさせ、寝場所をあたえただけのことであった。それはちかくにあった中国人の豚小屋であったが、高熱にうなされる彼女にしてみれば、天国にひとしかった。

「だって、豚小屋にはかわいたワラがあるでしょう。その上で寝られた夜の、なんとも気持ちがよかったこと。草原での野宿とは、くらべようがないほどの安心感ね。風にも悩まされないし、ひさし屋根のおかげで、夜明けの霜にふるえることもなかったから」

後年の彼女の述懐である。

ダムと水田が完成すると、労働模範をえらぶ大衆討議集会が開かれた。河南公社の若い中国人民兵から、スチンカンルを労働模範に推薦したいとの声があがった。この民兵は、彼女と同じ中隊の作業班に属し、スチンカンルの働きぶりに感心していたのだ。

だが、反革命分子は模範にはなれない。提案は無視されたばかりか、若い民兵も批判の対象にされてしまったのである。

第五章　中国人の「牛鬼邪神」

開墾された祖先の墓域

一九五九年の大旱魃にはじまった中国の食糧危機は、六〇年には一転、大洪水に見舞われ、さらに深刻な事態をむかえた。農村の疲弊はいっそう進み、はっきりした数字がないのでわからないが、六一年までの餓死者は、全土で三千万といわれた（フランク・ディケーター『毛沢東の大飢饉』草思社）。

もともとオルドスのモンゴル人は肉と乳製品を常食にしていた。少量のキビと、たまに夕食の膳にのぼる米は、陝西省の商人を通じて東方の包頭と西の銀川、それに南部の楡林などから買いつけていた。

だが、全国的な大餓饉ではどうにもならない。家畜はすべて公有化されて、「人民公社の公有財産」とされ、勝手に屠って食べる権利はない。乳も絞ってはいけないので、とうぜん、乳製品も作れない。そして、自力更生をモットーとする人民公社なら、なおさら自分たちの内部でまかなわねばならなかった。スチンカンルたちにすれば、飢え死にしないだけで精いっぱいで、世の中の動きに関心をよせるヒマなどなかったろう。

彼女らがダムづくりに動員されているあいだにも、中ソの論争は激しさを増し、六〇年七月には、ついに国境紛争に発展する。その月の十六日、ソ連は中国への技術援助と設備供給の停止を発表し、北京など各地に派遣していた専門家千三百人を、一カ月以内に全員引き揚げると通告した。これは同年一月、フルシチョフが発表したアメリカとの「平和共存政策」への転換に、中国が公然と反対しつづけていたからである。中国は当時、「アメリカ帝国」との徹底的な抗争を唱えていた。

ここで、ちょっと寄り道をする。

北京市内の西北部、北京大学の近くに『友誼賓館』というホテルがある。ホテル形式の建物とアパート形式のものにわかれているが、ベッド数にすれば総数三千八百。周囲を塀でかこんだ約四十万平方メートルの広大な敷地に、運動場や映画館もそなえ、春になると、白楊の並木ぞいの庭には、迎春花、海棠《かいどう》、バラの花が咲き乱れ、つい五、六年前までは、許可証のない中国人市民の出入りを許さない独立区画をなしていた。

もともとは中ソ蜜月時代の一九五四年に、ソ連から派遣されてきた専門家用として、特別に建てられたゲスト・ハウス（賓館）だった。ソ連勢が引き揚げたあとには、一部を友好諸国からくる外国人滞在客の収容施設にあて、他は観光ホテルとして使い、今日におよんでいる。ここへふたたびソ連派遣の専門家が顔を見せるようになるのは、二十数年後の一九八七年ころからである。

六〇年代初頭の食糧危機には、自然災害のほかに、もうひとつ見のがすことのできない要因があった。それは「解放」以来、十年間に急増した人口の圧力である。その責任は毛沢東の《産めよ、殖《ふ》やせよ》政策に求められる。

人口問題は中国がかかえるアキレス腱だが、これに最初の警告を発したのは、一九五七年に北京大学学長だった馬寅初《ばいんしょ》である。かれはマルサス流の『新人口論』を発表し、中国の人口急増は食糧の危機をまねくと説いた。

核が使用される第三次世界大戦を想定したうえでの生きのこり策のほか、なにごとにも人海戦術を念頭においていた毛沢東は、大躍進運動の号令をくだしたばかりだったから、馬の論文に怒りが爆発したのだろう。

毛は「二は一にまさる」という得意の《算数理論》をふりかざし、馬寅初の新人口論を、ブルジョア主義に毒されたものだと切ってすてる。

――人間には手が何本あるか！　このように、ちゃんと二本ある。では口はいくつあるか！　たったのひとつだ。二が一に負ける道理がない。二本の手をもつ人間が働けば、ひとつの口を養って余りあるのは、当然ではないか……。

人間の能力にさして変わりがなく、だれもが怠けずに働いてくれるなら、それは毛主席のいうとおりである。だが人民公社時代から文革期を通じて、働いても怠けていても、同じように飯が食える《社会主義的優越性》が世の風潮になると、失敗だったことがわかってくる。

とはいえ、食糧の生産は算術級数的にしか増えないが、人口は幾何級数的に増加する、などという馬寅初のむずかしい学説より、毛主席の話のほうがわかりやすい。一九五七年に北京大学を追放された馬寅初の名誉が回復されるのは、文革の嵐がおさまった一九七八年のことである。

一九六〇年は日本の昭和三十五年、第一次池田勇人内閣が七月に発足し、十一月には池田の諮問をうけた経済審議会が、高度成長へのきっかけとなった「所得倍増計画」を答申する。国民総生産の成長率を年七・九パーセントにおき、九年足らずでその目標を達成させようというものだった。

このころの大卒初任給は、まだ一万四千円ほど。縄のれんで憂さをはらすサラリーマンが、声を合わせて歌う文句は「……一万三千八百円」にきまっていた。

即席ラーメンが日本の市場に出まわったのもこの年だが、インスタント・コーヒーも登場するなど、今日のレトルト食品時代を呼ぶさきがけの年となった。

年がかわって一九六一年の一月。第八期第九回中央委員会総会（八期九中全会）をひらいた中国共産党は、農業生産と工業発展速度の調整を決定する。調整といえば聞こえはいいが、イギリスに追いつき追いこせ、という第二次五カ年計画を事実上打ち切り、大躍進の失敗を認めたものである。

これは後でも述べるように、劉少奇と鄧小平らの農業政策転換にむすびつくものである。しかし、この調整政策をオルドスのウーシン旗革命委員会が、どのように理解したのか、委員会は六一年の開墾目標を、前年なみの一万四千ヘクタールに設定し、なおも公社による生産増強一辺倒を変えなかった。

公社員たちには「農業は国民経済の基礎であり、食糧はその基礎の基礎」という中央の方針に沿ったものであると説明し、尻をたたいてまわった。

これまで農耕の敵地と考えられていた草原は、連年の開墾でおおかた消えている。ウーシン旗革命委員会から、シャルリグ人民公社に新たに示された地域は、モンゴル旗が「イケ・オンゴンの聖地」と呼ぶ公社北側にひろがる一帯だった。イケとは大きい、オンゴンとは神を意味する言葉で、ここでは祖先神をまつる、大いなる「神域」をさしている。

イケ・オンゴンにはモンゴル族の英雄のひとり、ホトクト・セチェン・ホン・タイジがまつられていた。かれは一五八六年に亡くなったスチンカンルの遠い祖先で、チ

写真30：オルドス高原西部のイケ・オンゴン。散乱しているレンガと瓦は中国共産党によって破壊されたホトクト・セチェン・ホン・タイジの祭殿である。1992年春撮影。

ンギス・ハーン十五代目の子孫にあたるバトムンク・ダヤン・ハーンの血統を伝える《黄金家族》の一員である（写真30）。

ホトクト・セチェン・ホン・タイジは、オルドス騎兵をひきいてトクマク（今日のカザフスタン共和国）まで遠征したモンゴル王公のひとりである。さらにチベット仏教をモンゴルに再び導入した人物でもあった（38頁・系譜図参照）。

だから、墓地と伝えられる台地をふくむ周辺およそ七千ヘクタールの地帯は、一般牧畜民の立ち入りが許されず、放牧、狩猟はもちろん、灌木の伐採や、たきぎ拾いまで禁じられていた。日本でいえば社寺の「禁足地」に相当する。

墓のような施設こそないが、解放前のシャルリグでは毎年、陰暦四月十七日になると、西公シャンがあるグルビン丘陵の北西側からイケ・オンゴンを望み、祖先の霊をしのぶ祭りをおこなっていた。

これには西公シャン家と大クレー家の王公一族が列席し、ウチュクといわれる祝詞《のりと》をささげる。ウチュクを唱えるのは、タイガ（太公）という身分の、日本なら神主にあたる専属祭祠者である。

《黄金家族》の子孫たちがイケ・オンゴンの前を通るさいは、かならず遥拝して過ぎるのが、むかしからのしきたりである。そうやって三百数十年間、まもられてきた聖地でもあった。

ウーシン旗に革命委員会ができたとき、専属祭祀者のタイガは、旧社会の権力に追随した「犬の足」と批判され、強制労働にかり出された。それでもオンゴンの地だけは残されていた。

その信仰の地までが開墾の対象になったのだ。中国では王朝が交替すると、前王朝の陵墓があばかれる例はある。地下宮殿の財宝をねらった盗掘もある。民族の興亡時にくりかえされるただならぬ歴史のひとこまだろうが、祖先の英雄をまつる聖地一帯に、すすんで犂や鍬をいれる者はいなかった。

その聖地であるイケ・オンゴンを、モンゴル人たちに開墾させようというのだ。

――さて、どうしたものか。

人民公社は幹部会議をひらいた。茶をのみ、しめきった部屋にたばこの煙が充満するころ、妙案がまとまった。

「よし、それでいこう。スチンカンルに最初の犂を、『第一犂《だいいちり》』をいれさせるのだ。あいつの先祖がまつられているんだから、スチンカンルが手をつけたら、モンゴルの牧畜民も仕方なくついてくるだろう」

そこには異民族の信仰と、祖先崇拝の人情を解らぬ共産党幹部たちの、共産主義革命を第一とする時代感覚だけがあった。

屍肉の誘惑

いよいよ開墾の初日をむかえた。

風こそなかったが、イケ・オンゴンの地は、霜でまっ白にこおりついていた。灌木ヤシルの枝が輝いて見えるのは、水蒸気がはりついてできた霧氷である。

オンゴンの南側にすこしひらけた草原がある。そこにシャルリグ区長のバトバヤルと、八・一農場長の銭玉宝ら人民公社の幹部が顔をそろえ、寒さに肩をすくめた公社員が、かれらと向かいあって立っていた。その前には、大型の犂を四頭の牛にひかせたスチンカンルの姿がある。血の気が失せた顔には、眠れなかった前夜の苦悩と疲労がにじんでいた。

――先祖がねむるオンゴンの聖地を、わが手で開墾する……。

という罪の意識。

――それも選《よ》りによって、最初の犂をわたしにいれさせる仕打ち。

悲しみより怒りのほうが、心の底に沈潜していた。バトバヤルのしゃべっている言葉など、ひとことも頭に入ってこない。

「きょうからイケ・オンゴンの開墾をはじめる。ここはいままで人民が足を踏みいれてはならぬ聖地とされてきた。それはだれが決めたのか。封建社会の王公どもが決めたものだ。それはみんなも知っているはずだ。だが、そんなことが許されていいのか！」

このところ、バトバヤルのアジ演説は、いささかうまくなっている。

「社会主義革命をすすめる党中央は、人民こそが国家の主人公だといっている。その人民の代表がわれわれ幹部である。公社の幹部会がくだしたこの決定は、だから、人民の総意になる」

「そうだ！」

銭玉宝が賛成の声を上げて拍手をおくると、公社員のなかからパラパラと拍手がつづいた（写真31）。

その音に、犂をつないだ牛どもが身じろぎし、スチンカンルの聴覚を正常にもどした。バトバヤルの演説が耳に入ってきた。

「オンゴンの禁は解かれたのだ。その証拠にスチンカンルが『第一犂』をいれる。西公シャンのアブハイ（王女）だった女には、うってつけの、名誉ある仕事ではないか」《名誉ある》という言葉に、公社員のなかから笑い声がもれ、スチンカンルの全身には鳥肌がたった。耳をおおい、できれば灌木の茂みに逃げこみたかった。

だが、それも一瞬のことだ。彼女はバトバヤルの顔を凝視した。

――名誉あるのは、チンギス・ハーンの血をひくわたしの家系。母はいつも話していたわ。先祖のホトクト・セチェン・ホン・タイジは、モンゴルの英雄……たとえ落ちぶれても、それを忘れてはいけないよ、と。でも、あんたたちが、民族の英雄であるチンギス・ハーンも、ホトクト・セチェン・ホン・タイジも、すべてを封建社会の「牛鬼蛇神」（妖怪変化）にしてしまった。だから、わたしまで罪人に仕立てようというのか。

それは党のきめた罪であった。

――でも、このオンゴンの禁足地に、最初の犂をいれるわたしの行為は……いったい、なんなのか。

彼女は、先祖の墓をあばくという、どうにも弁明の余地がない罪の意識にさいなまれた。そんな彼女のおもいをよそに、ふたたびシュプレヒコールが起こる。

「オンゴンの地を、人民の手にとりもどそう！」

「社会主義革命のために、オンゴンを開墾しよう！」

　昨年の冬、一度は死んだはずの、自分を殺したはずのスチンカンルである。犂を持つ手に力をいれた。だが、牛はいっこうに動いてくれない。放牧用として、農耕には使われたことがない去勢牛だったのだ。

「何をしておるんじゃ！　それっ」

写真31：草原地帯で開かれる共産党の会議で演説するモンゴル人。（著者提供）

　銭玉宝が、そばにいた農場の男にアゴをしゃくる。

　むちに追われた牛が、やっと歩みだす。はじめて犂を握るスチンカンル。いくら犂の刃を大地に立てようと踏ん張っても、よろけるばかりだった。

　凍てついた土地は鋼のようにかたく、犂の刃を受けつけない。さっきまで蒼白だった彼女の顔が赤らみ、ひたいに大粒の汗が浮かんできた。

　スチンカンルに「第一犂」をいれ

させるのは、公社幹部が考えたセレモニーである。幹部とその他おおぜいの公社員たちは、よたよたと前をゆく彼女のあとについて、シュプレヒコールを叫んでいるだけでよかった。

イケ・オンゴンの開墾がはじまると、公社員の出動は午前四時、ときめられた。やはり軍隊風の班をくんで現場まで行進するのだ。食事は、相変わらずの二食。しかしアドン・ドカイでのダム建設のときとはちがい、朝食ぬきの昼と夜の二回になった。その昼食にしても、トウモロコシ粉の蒸しパン一個では、からだが承知しない。重労働と空腹との二重苦だった。

このころウーシン旗には、もうひとつの異変が起きていた。開墾につぐ開墾で草原が減少し、牧畜民は家畜の公有化で飼育意欲をなくしていたうえ、公社の雑務におわれ、家畜の世話に手をぬいていたのだろう。五六、五七年当時につぐ、第二の家畜大量死時代をむかえていた。

初級合作社ができて家畜が公有化された一九五二年、ウーシン旗モンゴル人住民ひとり平均の家畜所有数は二十五頭だった。それが六一年には、わずか五分の一の五頭弱に激減している。これには中国人人口の流入増も関係あったろう。なにしろこの十年間に、モンゴル人は一万三千から一万六千にしか増えていないのに、中国人は一万六千から二万九千に増えていたからだ。

くりかえしていうが、モンゴルでの家畜とは放牧用の馬、牛、羊、山羊、ラクダの五種をいい、ロバや中国人の農民が飼う豚はふくまれない。いずれにせよ斃死した家畜は、すべて灌木林のなかに捨てられた。

その捨て場も、年々せばまっていたのだろう。牧畜民の立ち入りが禁止されていたはずの、オンゴンの灌木林のかげにも、家畜の死体がゴロゴロ転がっていた。空腹というより飢餓寸前の者にとって、それは餓鬼道《がきどう》への誘惑でもあった。

死んで捨てられた家畜の肉でも、肉は肉である。だれが最初に手をつけたのか。そんな詮索はどうでもいい。連日、朝食ぬきの、しかも早朝四時からの重労働に、人びとの胃が食べものを要求しないほうが不思議である。いつしか、暖をとるための焚き火のあちこちから、家畜死体の肉をあぶる煙と炎が上がるようになった。

酸化したアブラと腐肉のこげるいやなにおいが漂う。しかし、どこかで煙が上がると、胃の腑《ふ》を刺激される《動物というヒト》のさがの悲しさ……、それはスチンカンルにしても同様であった。

——わたしも口にいれたい。

でなければ倒れてしまう。空腹のあまり横になっていれば、反革命分子のサボりと見なされるにちがいないことはわかっている。

——でも、あのにおいのくさいこと。

写真32：中国政府によって開墾されたモンゴルの草原。やがてはすべて沙漠に化してしまい、世界中に飛散する黄沙の源となった。（著者提供）

とうてい人間の食べられるものではない。ヘドを吐きそうな、強烈なにおいを我慢しないかぎり、口にはできない。だが、

――ほかの人たちに食べられて、わたしが食べられないはずは……。

ないとおもう。

餓死を待つよりましと、彼女も灌木のかげから、家畜の死体をさがすようになった。

こうして一カ月がたった。はじめは気にもかけなかったが、横腹の腰のあたりに大きな腫《は》れものができた。

――家畜の腐肉を食べて、飢えをしのいできた因果のしるしなのか。

そう考えるスチンカンルだった。

旧正月が近づき、オンゴン内の草原の開墾が終わった（写真32）。公社員たちは、正月休みに各自の家へ帰っていった。だが彼女だけ

は帰る家がない。夫婦ともに刑を受けたとき、それまで住んでいた家屋は革命委員会に接収され、いまは中国人の貧農、李占財《りせんざい》が占拠していた。その名の通り、彼はモンゴルの財産をひとり占めにしていた。

テント式のゲルももっていたのだが、三年前の反右派闘争のさいに没収されている。スチンカンルはひとりシャルリグ寺の僧坊にとめ置かれ、正月休みのあいだも、革命委員会が使うたきぎ採りに追いまわされた。

――包頭の工場にいる夫にも、正月休みはないのかしら……？

たとえあったところで、帰宅を許されるはずがない。連行されてからすでに二年たつ。一通の便りもないボロルダイの安否も心配だった。

教育権を奪われたモンゴル人

スチンカンルは夢を見ていた。

父チョグトオチルと母ボロ・ガトンが、茶をのみながら楽しそうに話し合っている。テーブルにはご馳走らしきものが並んでいた。

――あっ、ボルサクもブダーもあるわ！

ボルサクとは、揚げパンのたぐいの食べものである。モンゴル人の朝と昼の主食だった。ブダーはご飯とおかずの総称で、夕食はこれをかこんでの団欒《だんらん》になる。

ご飯はキビ飯がふつうだったが、正月や祭りなどの祝い日には、米の飯が食卓にのぼる。おかずには羊か牛の肉に、ジャガイモがたっぷり添えられた。

――あれは、わたしの好きなエレン・ボルサク。

砂糖で甘みをつけたナツメや、木の実類の具を包む、ふかしパンといえばいいか。オルドスのボルサクには、ほかに両面を焼いたハーラスンと、油で揚げたザーラスンの三種類があった。

そのエレン・ボルサクに、手をいくら伸ばしてもとどかない。しかし、地団太踏んでくやしがっているのは、自分ではなく、いつのまにか、

――あっ、息子のエルデニ……。

脈絡のないのが夢。そうとは知りながら、夢からさめたスチンカンルは、あかつき前の闇の深さにふたたび眼を閉じた。

息子のエルデニは小学校五年生になっていた。このころの中国の農村や内モンゴル自治区の草原地帯では、小学校は人民公社や生産大隊ごとに経営されており、先生も公社員だし、公社員の子どもは全員がこの学校に通った。教育年限は五年制もあれば六年制もありと、地方によってまちまちだった。当時、ウーシン旗の小学校はおよそ百七十校に達していたが、モンゴル語を教える学校は、ほとんどなかった。モンゴル

人の母語は軽視され、文化的ジェノサイドが横行していた。

小中六・三制の義務教育が、都市部から農村部に普及しはじめるのは、ごく最近になってからだ。文化水準の高い北京と上海でさえ、一九九四年にやっと、全市の義務教育が完全実施されたばかりである。

エルデニが両親といっしょに暮らしながら、学校に通っていたのは、三年生のなかばまでだった。父は労働改造、母が「法律管制」で家を追われると、ひとり残されたエルデニは、学校の宿舎にいれられた。まだまだ親に甘えたいし、遊びたい盛りだった。

突然、両親の身をおそった政治的な制裁がどんな意味をもっているのか、子どもには理解できない。さびしさと心細さも、友だちが遊んでくれればまだよかった。だが仲のよかった遊び仲間が、これまでのように相手をしてくれない。教室でも校庭でも、いつもひとりぼっちにされる。

——出身階級が悪い家の息子。

——親がふたりとも罪人の子。

「そんな子と遊んではだめよ」と、おとなたちから言われた言葉を、わけもわからず守るだけに、子どもの世界は残酷だった。

明るい少年だったエルデニから、子どもらしさが失われ、ひとの表情を読もうとする防衛本能が芽生えてきたはずだ。それでも考えることは幼なかった。

――悪い出身階級の人というのは、ほんとうにお化け（牛鬼蛇神）なんだろうか。お父さんは牛で、お母さんは蛇なんだろうか。じゃ、ぼくが人間に生まれたのはどういうわけだろう。

小さな頭で、そんな悩みにひとり苦しんだこともあったろう。人間の出産について知らなくても、牛や羊が子を産むところは、遊牧民社会の子として、何度も見てきているエルデニである。

語りかける相手がいない。それが孤独ということすら知らぬさびしさを、いつも慰めてくれるのは、だいじに飼っている一羽のニワトリだった。大勢からいじめられるよりも、仲間はずれにされていたほうがいい、とさとってからは、このニワトリが唯一の遊び相手であり、心の友になっていた。

遊牧社会では、家畜の仔が人間の子の遊び相手になることもある（写真33）。エルデニはなぜそれをニワトリに求めたのだろう。スチンカンル夫婦が反革命の罪におとされたとき、家畜は全部没収され、放牧の権利まで剝奪されていた。だが「家畜ではないし、ニワトリの一羽くらいなら、子どもに飼わせてもいいだろう」と、学校と人民公社の幹部が黙認してくれたのかもしれない。

スチンカンルは、さびしさを我慢しているにちがいない息子と、顔を合わせるのが

写真 33：1960 年代の内モンゴル自治区の草原地帯の子どもたち。（著者提供）

つらかった。旧正月には小学校も二週間の休みに入り、子どもたちは親もとへ帰される。自分たちの休暇を優先させる学校の職員は、帰るべき家のないエルデニのような子どもがいても、面倒をみてくれることはないと聞いている。

——息子をどうしたらいいのか。

小学校はシャルリグ寺から二キロと離れていない。自分がここで働かされていると知れば、エルデニが来ないはずはない。

——でも、どうしてやることもできない。

だいいち、子どもに食べさせてやれる食料が、キビのひと粒さえないのだ。ここでは自分が食べる分すら支給されず、なんとか情け深い他人の袖に、それも人目をしのんで、すがっている毎日だった。だから彼女はひとり息子に、声をかけられるのが恐ろしかった。それでもたきぎ採りの仕事はつづけなければならない。

割り当てられた、たきぎのノルマは三千キログラムである。シャワグという燃料にむいた灌木の枝を刈りとるのだ。シャワグの灌木林は近いところでも、革命委員会から二キロの距離がある。一日に五回往復できるとして、一回の運搬量を三十キログラムとすれば、一日に百五十キログラム。ノルマの達成には二十日はかかる計算となる。いくら歩くことになれているとはいえ、往復だけで毎日二十キロの距離を歩き、しかも帰りは毎回三十キログラムのたきぎを背負ってくるのだ。それを女の身で二十日間とは、クルマ社会の現代人には想像できまい。

スチンカンルは、昼はもっぱらシャワグの刈りとりに精を出し、運搬作業は午後おそくから夜にまわした。ノルマをこなす効率を考えただけでなく、往復のあいだ息子と遭うのを、避けたい気持ちが強かったのだ。

春節が五日後に迫った陰暦十二月二十六日の夕刻。その日一回目のたきぎをかついだスチンカンルが戻ってきた。革命委員会の前庭が近づき、前かがみの姿勢から視線を上げたとき、ニワトリをかかえた息子が、息を切らして走ってくるではないか。

——ああ、やっぱり……。

母親がここで仕事をさせられていると、心ないだれかに教えられたのだろう。泣き出したいのを必死にこらえてかけ寄ってくる息子。たきぎさえ背負っていなければ、彼女もかけだしてエルデニをもろ手に抱きしめていただろう。

ぶつかるように飛びこんできた息子は、母の胸に顔をうずめて肩をあえがせる。ひさしぶりの息子との再会に、スチンカンルは言葉をつまらせた。

「エルデニ……あなた！」

出てくるのは子どもの名前だけである。だが革命委員会の門前で、いつまでもそんな姿を、さらしているわけにはいかない。

「学校がきょうから休みになったのね。そう、また少し大きくなったみたい。でも、チョッと待っていてね。このたきぎを置いてくるから」

こくん、とうなずいたエルザの瞳に、涙の幕がひろがった。抱かれたままのニワトリが、首を二度、三度ふり動かした。

悲嘆の故郷

この日エルデニは、昼すぎから革命委員会の門前で、ずっと母親の姿をさがし求めていた。たきぎ採りの仕事をしているというなら、日に何回かは門を出入りするはずである。しかし、いくら待っていても母は現われない。門前を行ったりきたりしながら、なかをのぞきこむ。

休み中は家に帰りなさい、と先生にいわれても、帰れる家がないことはエルデニも知っていた。

——お母さんのところにいられれば……。

なんとかそうさせてほしかった。だが、

——幹部のおじさんが許してくれるかどうか。

小学校五年生の頭には、人民裁判を指す「法律管制」の刑罰がどのようなものか、聞きかじったおとなの話でわかっている。それでもわずかな希望をいだいて、何時間も母を待っていた。会えなかったら、という心細さが太陽の動きにつれて、ふくれ上がっていったに相違ない。

——でも、よかった。お母さんに会えて。

その母が、まもなく門内から小走りに出てきた。

「お母さんはまだ、たきぎ運びの仕事がのこっているから、ゆっくり歩きながら話しましょう」

「うん」

母の顔を見上げた息子は、悲しそうな声で聞いた。

「ぼく、どこへ帰ればいいの、お母さん」

スチンカンルが、いちばんしてほしくなかった問いである。

——わたしといっしょに……。

と答えられれば、どんなにいいか。そういえない悔しさとふがいなさ。

——つらいのはお母さんのほうよ。シャルリグ寺に泊まり、おまえに食べさせるものが、なんにもないの。それをわかってね。

口まで出かかった言葉をのんだ彼女は、つとめて涙を見せないように、息子に説いて聞かせた。

「ごめんなさいね。休みになっても帰る家がなくて。だけど、どうにかしなくてはね。西公シャンのお祖母《ばあ》ちゃんのところへいってみて。もしそこに、食べるものがなかったら、そう、お父さんのお祖母ちゃんの家をたずねるの。いい？　わかった？　さあ、元気をお出し。お母さんも負けないで、これからも頑張るから」

「……」

無言のまま聞きわけても、そこは十一歳に満たぬ子ども。しょんぼりと肩を落として去るうしろ姿がふるえていた。

――ニワトリだけ、後生大事にかかえて……かわいそうに。

見送ったスチンカンルは、かけ出すように、たきぎを置いてある丘へ向かった。そこなら、おもいきり涙をながしても、人に知られる心配はなかった。

後年、彼女はこのときのことを「二十年間のなかで、もっともつらく悲しかったことのひとつ」と述懐している。先祖代々、生まれ育った故郷において、中国政府によって帰るところすら奪われた悲哀である。

スチンカンルにいいわたされた中国の「法律管制」が解けるまでは、なお十カ月ある。中ソの仲はますます冷えてきたが、ガガーリンを乗せた人間宇宙船、ヴォストーク1号が、地球一周に成功（四月十二日）したニュースは、シャルリグの小学校にも伝わった。

「――地球は青かった」というガガーリンの言葉を先生から聞かされたとき、エルデニは宇宙と地球の神秘に目をひらき、未来への橋をかけた人類の偉大さをニワトリに語りかけ、さびしさをまぎらわしたにちがいない。

この年、即ち一九六一年には中国共産党創立四十周年の記念大会が、六月三十日と翌七月一日の二日間、北京でひらかれた。ソ連は代表を送らなかったが、劉少奇国家主席は「社会主義革命は基本的に完成した」と総括した。これはのちに毛沢東から「修正主義」と反撃を受ける。

アメリカとのあいだで「軍縮八原則」の共同宣言を出したソ連は、十月十七日から第二十二回党大会をひらき、中国代表として招かれた周恩来総理が、フルシチョフ首相と会談したのは十九日。周恩来はフルシチョフの平和共存政策と、アルバニア非難に反対し、大会なかばの二十三日に席をけって帰国した。

当時こんなうわさ話が、ウーシン旗まで流れてきた。

——周総理の手を握ったフルシチョフは、すぐさまハンカチをとり出し、自分の手をふいたのだそうだ。それを眺めた周総理も、自分のハンカチでゆっくり手をふいてから、それをポイと、くずかごに捨てたんだ。

——それだけではないぞ、フルシチョフは。周総理にこんなことをいったのだ。「われわれふたりには、共通点と非共通点がひとつずつありますな。ふたりとも総理というのが共通点で、共通していないところは、わたしが労働者階級出身なのに、あなたは資本家階級出身だそうで」

——そこで周総理は何といったとおもう？「共通点はもうひとつありますよ。ふたりとも出身階級を裏切ったことです」
ハ、ハ、ハと、鬼の首でもとったように語り合う幹部の笑い声にまじり、「労働者を裏切っているのは、フルシチョフだけかしら」
どこからかスチンカンルのつぶやきが、聞こえてきそうな気がする。

中国人に奪われた財産

三年にわたる「法律管制」が満了し、スチンカンルはようやく自由の身になった。一九六一年の冬だった。だが彼女の住居を占領していた中国人農民の李占財は、

——牧主の財産は人民の使用に帰すべきもの。

そう言いはって、立ち退こうとしない。女ひとりになにができるといった調子で、相手にしてもらえなかった。オルドスに移り住んだ中国人たちは、社会主義制度が成立してから、態度がでかくなり、先住民のモンゴル人をあらゆる点で抑圧するように変わっていた時代である。

夫のボロルダイが帰るまであと一年ある。彼女はシャルリグ人民公社のギラト生産小隊に配属され、はたらきながらその日を待った。このころには食糧事情も緩和され、

少しずつだが物資も出まわるようになっていた。

スチンカンルの悩みはボロルダイの消息が、まったく途絶えていることであった。包頭の石材工場ではたらいている、とまではわかっているが、それがどんなところにあり、どんな仕事をさせられているのか、教えてくれる人さえいない。こちらから便りを出そうにも、夫の属している単位（現場）名がわからなければ、どうにもならない。

一方、ボロルダイのほうも、妻からの《なしのつぶて》に気を病んでいた。三月に一度、二月に一度、やっとのおもいで手紙を書いたのだが、返事がこなかったのである。

郵便事情が悪かったわけではない。ボロルダイからスチンカンル宛の便りは、人民公社が一通のこらず没収し、彼女の手もとまでとどかなかったのだ。その事実は翌六二年冬、労働改造を終え、帰ってきたボロルダイの話から明らかになる。

ボロルダイが復帰し、スチンカンルに笑顔が戻った。息子のエルデニも小学校を卒業して、成人式はまだだが、畑仕事や放牧作業を手伝えるようになっていた。エルデニの中学進学は、もちろん共産党の幹部から許されなかった。だがそうすれば、どうしても三人の住む家が必要になる。

スチンカンル夫婦は、李占財に占拠された、もとのわが家を見に出かけてびっくりする。家はこわされて跡かたもない。その木材で住居を新築していた李は「われ関せず」と、うそぶいていた。

それらを先刻承知の公社幹部たちだったが、ボロルダイの訴えを聞いてから、ようやく会議をひらき、西公シャンの南一キロほどの場所に、一家の家を建ててよいとの許可をくだした。

日ぼしレンガ積みの小さなものだから、一カ月もかけずにでき上がった。それでも親子三人の住まいである。中国人の李占財にもってゆかれたままの家財道具の一部も、スッタモンダのすえに返してもらった。

そのなかには、スチンカンルが大切にしていたフランス製の柱時計や、洗面器置きがあった。いなかのシャルリグでは、柱時計自体、珍しかったろうが、それは父のチョグトオチルに、清朝皇帝から下賜された由緒あるもので、貴重な遺品でもあった。

では洗面器置きとは？　いまの人にはなじみのないものだろう。それに日本の一般家庭ではむかしからあまり使われていなかった。よく見かけたのは医院の診察室である。消毒液をいれた洗面器が、スッポリはまる丸いわくのついた、鉄棒製の三脚といえばいいだろうか。

水のとぼしいモンゴルの草原地帯にいくと、いまでも洗面には、わずかな水しか使えない。観光用の天幕ゲルに四、五人で泊まったとしよう。朝の洗顔用に運ばれてくるのは、中型の洗面器にたった一ぱいの水。それだけの水で、どうすれば四、五人が顔を洗えるのか。

洗うのではない。各自のタオルをひたして顔をぬぐうのである。これなら洗面器置きなど、なくても別にこまらない。

そうしてみると、スチンカンルの洗面器置きは、ぜいたく品でもあり、ハイカラな道具だったのかもしれない。金魚の絵がついたホーローびきの洗面器を載せ、顔を洗っていたアブハイ（王女）時代の彼女が想像できよう。しかもこれは、乳児期、死に神の手から逃れるマジナイとして、仮親となった中国人の趙大人《たいじん》から贈られた記念の品であった。

どうやら、暮らしにも晴れ間が見えたようだが、一家三人がそろう団欒にはまだ遠かった。夫のボロルダイは「革命生産支援」のため、陝西省楊橋畔《ようきようはん》へ、馬の放牧要員として派遣され、息子は中国人農民のところで、家畜の放牧作業におわれることになった。モンゴル人にとって、中国人にやとわれることは、一種の奴隷のような扱われ方である。そしてスチンカンルは、相変わらず人民公社の生産隊で働いた。

一九六二年一月から二月の初旬まで、のちに「七千人大会」と呼ばれた、中共中央の工作者拡大会議が北京でひらかれ、五八年来の工作が検討の対象になり、ここで大躍進政策について毛沢東が自己批判をする。

この結果、実権を手にいれた劉少奇国家主席と鄧小平総書記のコンビは、農業政策の大転換をはかった。

《自》由市場の発展と、人民公社が農民に割り当てる《自》留地の拡大、農業生産を一戸ごとに請け負わせ、損益を《自》己負担させる「三自一包《サンツウイイパオ》」政策の推進である。《包》とは請け負いを意味する。

このようにイデオロギー面をあまり問題にせず、生産と国民経済のすみやかな回復をねらったところが、従来と大きく変わっていた。その年、中国共産主義青年団・中央委員会で演説した鄧小平総書記の「白ネコでも黒ネコでも、ネズミをとるネコはいいネコだ」の論には、かれの意気込みと、フルシチョフ流の経済改革路線がうかがえた。

ふつう「白か黒か」といえば、「いいか悪いか」である。共産党政権が成立したあとの中国では、出身階級がいいのは「紅《ホン》」で、悪いのは「黒《ヘイ》」といわれた。だから階級区分のいかんを問わず、生産増強に努力するものはいいし、反対に身分がいくら「紅」でも、怠けていれば悪いというわけである。

ならば、互助組から初級合作社時代の、ボロルダイやスチンカンルは鄧小平のいう「いいネコ」であった。

黒五類については前にも説明しているから、ここでは「紅五類」にふれておこう。

それが黒五類に対するものとして、はっきりと定義づけられたのは、のちに紅衛兵組織ができたときだが、労働者、農民、兵士、革命幹部、革命烈士の五出身階級を指した。

ともあれ、劉少奇らがこの新政策を決定するまで、内容についてひとことも知らされていなかった毛沢東は激怒したという。かれは六二年九月末の第八期十中全会で、劉・鄧路線は農業の集団化をはばむものと批判し、階級闘争を強化する「継続革命」を指示して反撃を開始した。

こうした毛沢東の奪権への意欲と、階級闘争至上主義が、四年後に紅衛兵の登場を招く文化大革命に発展し、劉少奇らは「中国のフルシチョフ」との攻撃を受け、ついには打倒されることになる。

東西両ドイツの対立を象徴する「ベルリンの壁」がきずかれたのは、前年の八月だったが、第三次大戦勃発の危機をはらんだ「キューバ危機」は、六二年十一月初め、フルシチョフとケネディの決断で回避された。同月七日、陳毅《ちんき》外相は「キューバを支持し、屈辱的譲歩を許さず」と、中国の態度を表明し、フルシチョフは「キューバ危機の回避は《理性の勝利》だ」と応じた。

LT貿易といわれる「日中総合貿易に関する覚書」が、高碕達之助、廖承志《りょうしょうし》間で調印されたのは同月九日である（写真34）。この年の日本は三月にテレビの受信台数が一千万台を突破（普及率四八・五パーセント）し、大相撲の大鵬・柏戸決戦に人気が集まり、街にはシームレス・ストッキングの女性が闊歩《かっぽ》していた。

劉少奇路線のおかげで、スチンカンル一家の小康状態はつづいた。「悪い出身階級」への白い目さえ我慢すれば、まずまずの平穏といえた。

一九六三年（昭和三十八）の春から、新しい政治思想教育が全国的に展開されたが、これは「労働人民の良い息子、雷鋒《らいほう》に学ぶ」運動で、勤倹節約と友愛精神を説いたものだったから、スチンカンルらは胸をなでおろした（写真35）。

大躍進運動のとき、シャルリグでは中年男性の「黄継光隊」、若い女性たちの「劉胡蘭隊」という《労働挺身隊》ができたことを、おもい出してほしい。黄継光も劉胡蘭も、党のため国のため、自らの命を犠牲にした戦時型の英雄である。だが雷鋒にはそんな華ばなしい英雄像はない。

かれは東北（旧満州）の瀋陽《しんよう》軍区・工程兵部隊の運輸班長だったとき、作業中のトラックから落ちてきた材木で頭部を強打し、一九六二年八月十五日に死亡した。「大義、親を滅す」のたぐいとは、ほど遠い。

そのかれが新しい英雄として登場したのは、一九六三年三月五日の「人民日報」に、毛沢東と劉少奇、周恩来と朱徳ら、党・政・軍の最高指導者らが、「雷鋒同志に学べ」

写真 34：日中友好という政治的キャンペーンに参加する山口県の「日中友好協会（正統）」の活動家たち。

写真 35：労働人民の良い模範とされた雷鋒。その事績は、ほとんどがウソで、中国共産党が作ったプロパガンダであったことが判明している。

という賛辞を寄せたからである。

成人式年齢を迎えたスチンカンルの息子エルデニも、シャルリグの子どもらが学校で習う、

……学習雷鋒好榜様《シュエシレイホンハオパンヤン》（よいお手本は雷鋒さん）。

という歌を、いつしか覚えたことだろう。それほどこの運動は、徹底して青少年に「自力更生」という党の方針を教えこむものだった。

では、手本とすべき雷鋒のおこないとは、どんなものだったのか。

瀋陽の駅で、汽車の切符をなくしてこまっていた女性に、自腹をきって切符を買ってあたえた、水害地の農村に自分の貯金をおろして見舞い金を送った。一年に二着支給される軍服を一着しかもらわなかった、ホーローがはげて傷だらけになった洗面器を、いつまでも大事に使っていた、さらにはバスで老人に席を譲ったなど、日常での善行である。

当時はやった標語に、こんなものがあった。

「新三年《シンサンニエン》、旧三年《チュウサンニエン》、補補縫縫又三年《プープーホンホンヨウサンニエン》」

新しい服は大事に三年、古くなっても三年我慢、あとの三年つくろって、という徹底した節約をうったえたものだ。だから雷鋒の軍服の話など、党にとってはよい手本だった。文革のあと、いわゆる「雷鋒同志の事績」はすべて人民解放軍瀋陽軍区と地

元人民政府によって作られた話であったことがあきらかになった。実際、当時の普通の兵士には他人に列車の切符を買ってあげるほどの給料もなかった。

シャルリグには鉄道も通ってないし、バスも走っていない。雷鋒に学んだエルデニが実践するとしたら、食事は雷鋒と同じように、トウモロコシ粉の焼きパンで満足し、洗面器を大事にする以外になかった。

どういうわけか、茅誠司東大学長らの提唱した「小さな親切運動」が日本ではじまったのは、この年（昭和三十八）の六月であり、両運動とも今日までつづいている。

スチンカンル一家の《小さな幸せ》は、一九六六年（昭和四十一）の文革発動までつづき、別にこれといったことはない。その間の関連話題を、簡単な年表にしておく。

［一九六四年］

四月　日中間で記者交換、LT貿易連絡事務所の設置決定。

五月　『毛主席語録』を解放軍総政治部が刊行。

十月一日　東海道新幹線（東京―大阪間）開通。

同十日　二十四日まで東京オリンピック開催。

同十五日　ソ連、フルシチョフ党第一書記兼首相の解任。

同十六日　自由主義世界を威嚇するため、中国初の原爆実験に成功。

十二月　中国第三期全人代で、周恩来、「四つの現代化」提示。

［一九六五年］

二月七日　アメリカ、北ベトナムへの爆撃開始。

五月　人民解放軍、階級制度を廃止。

九月三日　林彪国防相「人民戦争の勝利万歳」を発表。

十一月十日　上海「文匯報《ぶんわいほう》」が、北京市副市長・呉晗《ごがん》の「海瑞罷官《かいずいひかん》」を批判する姚《よう》文元《ぶんげん》論文を掲載。文革勃発の発端に。

かたや平和の祭典オリンピックを開催する日本と、原爆実験に踏み切る中国。日中はまったく異なる現代史の道を歩んできたのである。

第六章　吹きすさぶ文革の嵐

政治的災厄の予感

おそれていたその日が、ついにやってきた。スチンカンル、三十九歳。

一九六六年（昭和四十一）秋のある日。

「スゥスハイ小隊の隊本部に出頭せよ」

という召喚状が、ギラト小隊で仕事をしているスチンカンルのもとに、民兵の手でとどけられた。スゥスハイ小隊も彼女が所属するシャルリグ人民公社の生産小隊のひとつである。

――こんどは、いったい、どうなるのかしら？

あるいは生きて帰れぬおそれもあった。彼女の脳裏にさまざまなおもいが去来する。すでに北京を中心に吹き荒れていた「プロレタリア文化大革命」の嵐が、内モンゴルの隅ずみにまで拡大しだしたのは、この夏からである。ウーシン旗のシャルリグも例外ではなかった。

まず、それまで権力をにぎっていた区書記のアルビンバヤルと、区長のバトバヤル、さらに八・一農場長の銭玉宝らモンゴル人幹部たちが、反動組織である内モンゴル人民革命党の中心メンバーだったとして、ウーシン旗人民政府の命で次つぎに逮捕され、失脚していった。かわりに権力の座についたのが、中国人たちだ。

内モンゴル人民革命党は、略して「内人党」と呼ばれ、一九二五年十月に、いち早く中国からの独立を宣言していたモンゴル人民共和国（現モンゴル国）の支援で組織されたものである。中国側は結成当時から「独立をもくろむ反革命反動組織」と見なしていたが、中華人民共和国建国後の五〇年代以降は、その活動も途絶えていた。

内人党のオルドスでの活動に尽力したのは、ウーシン旗出身のウラジイジャラガルである。若いころはバダラホの跡をついだ旗王チャグドラセレンの側近（文書管理の秘書官）として腕をふるった。またその一方では、清朝や中華民国の草原開墾政策に反対する訴訟集団のかくれたリーダーとして、牧畜民らの人望を集めていた。

清朝の初期（一六四四〜六一年）は、長城以南からの中国人の北進と、オルドス・モンゴル人の南進はともに厳禁され、「理藩院則例」など清の法律は、全オルドス内での草原の開墾を、いっさい禁止していた。それが康熙《こうき》三十一年（一六九二）、まず長城沿いの地が開墾されはじめ、末期の光緒二十一年（一八九五）になると、ウーシン旗南部の無定河南岸まで広がってきた。チャグドラセレン旗王が、中国人の商人から借地料をとって草原を貸し付けたのが発端だった。

旗王の政策に不満を抱いていたウルジイジャラガルは職を退き、四十五歳でチベット仏教寺院に出家した。その後のかれは、モンゴル語で「新しい僧」を意味するシニ・ラマと呼ばれるようになる。ラマになるのは、子どものときに出家するのがふつうだったからだ。

満洲人の清朝が中国人の中華民国に変わっても、チャグドラセレン旗王は、草原を中国人の租借地に出すことを変えなかった。これは浪費癖のあるガトン（夫人）に、そそのかされた結果だ、といううわさが広がる。

シニ・ラマは牧畜民から推されて、租借地政策と開墾反対集団のトップに立ち、旗王のガトンが、不倫をはたらいていた事実をつかむと、これを攻撃目標にすえ、旗政改革の急先鋒となった。

旗の法律では、王公のガトンが位の低い一般人と密通した場合、どちらが先にはたらきかけたかで、罰の軽重が変わる。主導権をにぎっていたのがガトンとわかれば、彼女は死罪を宣告される。下世話にいう露は尾花の話ではないが、世間にはもっぱら「ガトンに罪あり」と伝わっていた。ことの真偽は不明であるが、フランス革命時と同じように、悪意に満ちたうわさと意図的な宣伝が庶民を革命へと駆り立てた。フランス革命のときも、王妃は浪費に明け暮れ、そして不倫していたとの噂が広がっていた。

が、実際にシニ・ラマの同志たちが、ガトンを暗殺してしまうと、旗王派も黙ってはいない。シニ・ラマはその首謀者として、オルドスのチョーラガン法廷に告発された。それでもなお同志との結束をかためて対抗したが、ついに捕らわれ、一時は「ナヤンジン」とモンゴル語で呼ばれる重さ四十キロもの鉄鎖を、全身に巻かれた囚人生活を送った。「ナヤンジン」とはモンゴル語で「八十斤」との意で、四十キロに相当する。

かれはスチンカンルの父、西公チョグトオチルとも親交があった。シニ・ラマの救出作戦に手をかしたチョグトオチルは奪還が成功すると、かれをオルドスから脱出させた。シニ・ラマが亡命中の外モンゴルからウーシン旗に復帰したのは六年後の一九二六年であり、それからまもなく内人党と内モンゴル人民革命軍が結成された（写真36）。シニ・ラマは「ウーシン旗をモンゴル人の手にかえせ」を旗印に、陝西省から進攻してくる中華民国軍を撃退すること数度におよび、ついには旗の軍権をにぎった。だが、一九二九年の正月二日夜、部下の裏切りで暗殺される。六十四歳だった。

文革の波がオルドス高原のウーシンに押し寄せたとき、かつてシニ・ラマ軍の兵士だった人びとは、すでに六十の坂を越していたが、かれらの多くは、それだけの理由で「老内人党」として逮捕された。

各地の人民公社ではたらかされていた多くのラマ僧にも、「封建社会の護道士」というレッテルがはられ、一部は沙漠のなかに引き出されて、民兵の手で処刑された。ウーシン旗の場合、東部のトゥク人民公社は人口わずか二九六一人だったが、一九六九年春に五四人が人民解放軍と中国人に殺害されたことで、全国的に知られるようになった（楊海英著『墓標なき草原』下、岩波現代文庫）。

スチンカンルへの出頭命令は、そのさなかにもたらされたものである。

――毛主席が発動した「プロレタリア文化大革命」とはどんなものか。

彼女にはわからなかった。ただ、わかっていたのは、こんどもまた自分たちに、降りかかってくるだろう災難の予感だけである。

この年、一九六六年六月一日の夜、ラジオの全国ニュースは「北京大学での壁新聞（大字報《ターツーパオ》）はすばらしい」という毛主席の談話を伝えている。それは全人民に、文革の本格的幕開けを告げる号砲といってよかった。毛はこのとき、「司令部を砲撃せよ」との壁新聞を書いていた（写真37）。

その毛主席談話に呼応して、ウーシン旗では六月三十日「中共ウーシン旗委員会文革領導小組」を発足させた。小組とは、特定の仕事をするグループであり、日本語では「班」とか「小委員会」の意味になる。この小組は六十四人で構成され、旗内に十一支部をもうけた。

写真36：内モンゴル人民革命党の幹部、ウラジイジャラガルが外モンゴルで撮った一枚。

写真37：毛の壁新聞、「司令部を砲撃せよ」とある。

かれらの実践活動のモデルは、すべて北京にあった。しかしオルドス高原のウーシンには大学がない。そこで同地の最高学府であるウーシン旗第一高級中学校（高等学校）へ小組のメンバーを派遣し、学校運営の主導権をにぎった。

七月には、すでに「右派分子」と見なされていた同中学の教師をはじめ、文化と教育、医療関係者ら、それに知識人三十七人を批判する大字報四千百三十九枚が、各地にはりだされた。八月中旬になると、すべての小、中学校での教育活動を停止させ、教師、生徒らは「中《チュン》共《クン》中《チュン》央《ヤン》関《クワン》於《ユ》無《ウー》産《チャン》階《チエ》級《チィ》文《ウエン》化《ホワ》大《タ》革《コオ》命《ミン》的《ダ》決《チュエ》定《ティン》＝プロレタリア文化大革命に関する決定」を学習させた。

こうした雰囲気のなかで、八月十九日の「人民日報」が、毛主席が天安門楼上で紅衛兵を接見したこと、林彪が党のナンバー・ツーの副主席に昇格したことを報じた。

中国の新聞はいまでもそうだが、街のスタンド売りである。売り切れればそれで終わりだし、売れのこれば《三日前の古新聞》になろうがかまわず置いてある。配達は郵便局の業務で、役所、工場、大学の正門受付へ、ドサッと配ってゆくだけだ。

しかし、このころの重大ニュースの伝達には、ラジオの全国放送が使われた。毎日、一定の時刻に、北京・中央ラジオ放送局のアナウンサーが、聴取者が書き取れるほどのユックリした速さで、ニュースを読み上げてゆくのだ。それが壁新聞となってはりだされ、あるいは黒板に書かれた黒板報となって、各職場に知らされる。

草原の末端組織にあたるウーシン旗にはそのころ、党の機関紙である「人民日報」「内蒙古日報」「オルドス報」などの新聞と、月刊機関誌の「紅旗」を合算して、八千部以上が購入されていた。

だから、スゥスハイ小隊への道をたどるスチンカンルの脳裏には、「人民日報」が美談にまとめ上げた、ある紅衛兵の記事がおもいうかんでいたかもしれない。

八月十八日の早暁、午前五時から天安門広場に集合した紅衛兵は総数百万。左手前方から朝日を浴びた天安門楼上には、毛沢東、林彪、周恩来ら党・政府の最高幹部がならび立ち、かれらの歓呼にこたえている。

主席の接見に感動した紅衛兵たちが、デモ行進を開始したとき、突然、女子紅衛兵のひとりが楼上にかけ上がり、毛主席の左腕に紅衛兵のシンボルである《赤い腕章》を巻こうとした。だが興奮のあまり、なかなかうまく巻けない。

やっと巻きおわり、走り去ろうとする彼女は、主席が声をかけた（写真38）。

「名前はなんというのかな」

「彬彬《ひんぴん》です」

「文質彬彬の彬かな」

「そうです」

頰を紅潮させてうなずいた彼女は、自分の手のひらに「彬」の字を、指で書いてみせた。

微笑を浮かべた毛主席。

「武も必要だよ（要武嘛《ヤオウーマ》！）」

そうではないかなと、つけ加えた。

「はい」

コチコチに緊張した彬彬は走り去る。だがその日から彼女は、親からもらった「彬

写真38：毛沢東に紅衛兵の腕章を巻き付ける宋彬彬＝宋要武。中国の有名なポスターで、モンゴル語などあらゆる言語で印刷された。上はモンゴル文字で、縦に書き、左から右へと読む。

彬」の名をかなぐり捨て、「要武」と改名した。すべて、用意周到なパフォーマンスだった。宋要武は文化大革命後にアメリカに移り住み、かの地で暮らしている。彼女は複数の人を殺したと伝えられている。

スチンカンルには、武など必要がなかった。たとえ貧乏な生活でも、いまの平安がこのままつづいてほしかった。

文質彬彬とは『論語』に出てくる孔子の言葉である。

質、文に勝てばすなわち野（質勝文則野）
文、質に勝てばすなわち史（文勝質則史）
文質彬彬として（文質彬彬）
しかる後に、君子なり（然後君子）

実質や内容面だけを優先させ、外見（文）上のことをかまわなければ野卑になり、反対にいくらうわべを飾りたてても、実質、内容がともなわないと空虚（史）といえる。君子とはその文と質を、調和させた（彬彬）人をいうのである……。

——でも、文革には武も必要だという。だから坊さんたちが、沙漠で処刑されたのかしら？

ともあれスチンカンルには、今後くわえられるであろう「武」に対する覚悟のほどが必要であった。

ウーシン旗に、紅衛兵組織が正式に発足するのは、九月のはじめである。

これと同時に、日本の和服のように右前で合わせ、帯を結んで着るモンゴル服の着用は全面的に禁止され、人民服の着用が強制されるようになった。同化政策は革命という名の下で実施された。

フランス製の柱時計と頭飾り

——ああ、やっぱり。

スゥスハイ小隊の本部には、夫のボロルダイと弟のバウも呼び出されていた。作業現場がちがうふたりの消息がつかめず、気になっていたスチンカンルだった。

——母は、お母さんは？

声には出さないが、ふたりのほうを見つめたスチンカンルの表情で、バウにはわかったらしい。頭を小さく横にふり、母は来ていないと告げてくれた。

本部には民兵やら、紅衛兵の腕章を巻いた共産主義青年団員の出入りが絶えない。共産主義青年団とは、将来の党員を目指すジュニアの団体である。これには《悪い出身階級》の子弟は入団を許されない。三人は部屋のすみに追いやられ、膝をかかえてうずくまった。

一べつをくれて歩み去るのは年配者に多く、若者たちは無視したように通りすぎる。緊張をはらんだ重苦しい雰囲気のなかで、三人はネコの群れに包囲されたネズミ一家のように、徐々にふくれ上がってゆくおびえと懸命に闘っていた。

なんの指示も与えられないまま、時はいたずらに移る。やっとあらわれた隊長に、

「食事がすんだら、用意してある部屋で休んでおれ」

といわれたのは、スチンカンルが出頭してから、二時間もたったころだろうか。

隊員たちの食事が終わった食堂で、民兵の監視つきで箸をとったが、先をおもえば食は進まない。それはだれも同じだった。

収容された部屋の、一段高くなった床には早くもオンドルが通っていた。布団は各自が背負ってきている。それをのべて横になったものの、寝つけるものではない。ドアの外には武装民兵が立哨しているし、隊本部をおおうざわめきが、いつまでも消えない。

「どうなるの？　わたしたち」

声をひそめて、ボロルダイに聞くスチンカンル。

「さあ、たぶん……」

各地の闘争集会に引き出され、自己批判を迫られるのだろうという。

妻より情報にくわしいボロルダイは、北京でなお繰り広げられている紅衛兵の狂乱ぶりを、少しは知っていた。

しかし北京へは一度もいったことがないかれには、天安門の壮大さも想像できないし、首都一の繁華街「王府井《ワンフーチン》」が、どこにあるのかも知らない。

だから「四旧一新」のかけごえで、王府井通りの呼び名が「革命大路」に変えられようが、中華人民共和国成立前に各国の外交機関が集まっていた「東交民巷《トンチヤオミンカン》」が「反帝路」になろうが、そんなことに関心はなかった。

問題は狂気にちかい紅衛兵の《人狩り》にあった。知識人にしろ、一般市民にしろ、いったん反動分子とされたがさいご、首に「妖怪変化」と書かれた名札を吊るされ、市中を引きまわされたあげく、大衆裁判にかけられるという話が、ボロルダイの不安を大きくしていた。

――スチンカンルは、それだけですむかどうか。

妻にはいえぬ夫は、胸のうちでつぶやいた。

四旧一新の四旧とは、旧思想、旧文化、旧風俗、旧習慣の四つを指すというが、自分たちに気にくわないものなら、対象は何でもよかったのではないか。

後年、映画『ラスト・エンペラー』が北京で封切られたとき、観客が、とくに外国人がいっせいに笑い出すシーンがあった。北京の大通りをうめた自転車の大群が信号の青でストップ、赤になって走り出すワン・ショットだ。

紅衛兵は「紅＝赤」を衛《まも》る尖兵《せんぺい》である。そのかれらが「交差点の赤信号で前進できないのはどうしたわけだ。世界革命の中心地である北京で、赤信号で進めないとは、まったくもって反動極まる！　赤は革命のシンボルではないか。改革すべし！　赤信号こそ進めの合図に改めろ」と、ブルジョア思想に毒された旧文化の一掃を叫んで、信号を槍玉にあげたわけである。

当時は北京の目抜き通り、長安街にも信号機は数えるほどしかなかったから、いまから見ればお笑いぐさですむ。

しかし、さすがに周恩来総理は、

「赤、黄、青は、世界共通の交通標識。それを勝手に変更するのはどうかな」

と説得し、まもなくもとに復した。

「社会主義国の中国で《右》側通行はけしからん」

と、紅衛兵がよくもいい出さなかったものだと、のちのちまで話題にされるほどの、そういう時代であった。

外はいつか、小雨になっていた。

三人がまどろみ始めた夜半すぎ、ドヤドヤとなだれこむように入ってきた武装民兵

の一団が、

「みんな、起きろ！」

「布団を背負って、表へ出ろ！」

と、声高に叫んだ。

外には小雨にぬれた年若い民兵が、隊列を組んで並んでいた。三人はその前後にはさまれて立つ。

——この夜なかに、どこへ連れていかれるのか。

スチンカンルの不安はふくらんだ。

「これから南へ向かう」

という民兵隊長の指示で、彼女には目的地が処刑地の沙漠ではなく、西公シャンと想像できてホッとした。が、それと同時に母親のことが心配になった。

一行が西公シャンに到着したのは、東の空がようやく白むころであった。小雨はどうやら上がっており、ダライ・チャイダム小隊の民兵が、すでに集合していた。小雨はど弟のバウは西公シャンにのこされ、スチンカンル夫婦だけが、そこからなお南一キロほどの自宅まで連行された。民兵による家宅捜索に立ち合わされたのである。

「おい、こんなものがあるぞ！　ブルジョア主義の証拠だ」

得意満面の民兵がまず運び出してきたのは、あのフランス製の柱時計だった。はじめて目にした民兵たちの興奮と好奇心が高まったようだ。

スチンカンルがたんすの奥深く、大事にしまっていた頭飾りも見つけられた。頭飾りについては、一九五八年にウーシン旗西部で大騒ぎとなった《大クレーの集団寡婦事件》なるものを、おもい出してほしい。

大躍進運動のさなか、シャルリグの女性たちは馬の毒草退治に動員され、作業の終わった当日「封建主義のシンボルである」として、既婚女性がつけていた頭飾りが、党への献納の美名で、ひとつのこらず没収されたのだ。

ならば当然、あってはならないものである。民兵が歓声をあげたのも無理はない。しかしこれは、夫のボロルダイが結婚後まもなく、陝西省楡林の宝飾店でつくってくれた頭飾りで、集団寡婦事件以後は人の目をおそれて隠していたものだった。

つづいて庭に持ち出されたのは、かの洗面器置きである。これも反革命の証拠とされた。

雲を赤黒く染めた太陽が昇ってくる。東南と東の方角から、朝の空気をふるわせ、シュプレヒコールが聞こえてきた。きょうの批判闘争集会に動員されたアドン・ドカイ小隊と、ウルジイチャイダム小隊の民兵だ。二列縦隊で行進してきたかれらは、手に手に赤い毛語録をもち、それを振り上げては語録の一節を高唱する。毛語録はすでに、紅衛兵らの必携書となっていた。

——誰是人民的敵人《シュエシレンミンダディレン》？　誰是人民的朋友《シュエシレンミンダポンユウ》？（人民の敵はだれか、人民の友はだれか）

スチンカンルは出身階級が悪い「牧主」身分から、さらに進んだ《人民の敵》にされかかっていたのだ。

ブルジョア反動分子の証拠品となった柱時計をスチンカンルに、夫のボロルダイには洗面器置きを、捧げるようにもたせた民兵の一行は、ふたたび毛語録を叫びながら、ふたりを西公シャンに連れもどす。

そこでは早くも批判闘争集会がはじまっていた。

殺気だつ批判闘争集会

民兵や牧畜民がとりまいた広場の中央に、母親のボロ・ガトンが立たされていた。六十二歳の彼女の首には、針金でくくりつけたレンガが二個、吊り下げられていた。その重みで、どうしても首が垂れる。

大衆に頭を下げさせている図だ。「西公シャン家を葬れ」などのスローガンを書いた紙が、全身を包むように巻かれ、正面には「老マングース」となぐり書きしてある。

マングースとはモンゴル語で「悪魔」や「怪物」を意味する。人の子をとって食うと、子どもらに恐れられていた神話に出てくる悪の権化だ。彼女がチンギス・ハーンの末裔・西公チョグトオチルの夫人だったことを、悪魔になぞらえたのだろう。

写真39：内モンゴル自治区における吊し上げ大会の様子。毛沢東の肖像画を前に、真ん中の人物は奎璧といい、「現代の殿様」という看板が首から吊るされている。（著者提供）

屋外労働で陽《ひ》にやけ、しわの深くなったボロ・ガトン。だが往年の美をうかがわせる上品さは、まだ消え去っていない。それだけに哀れを誘う母の姿に、スチンカンルは目を向けられなかった。

弟のバウはどうか。こちらは背もたれのないイスを二脚積みかさね、足もとがぐらつく高さ百五十センチほどの上に立たされていた。からだにはられた紙には「紙老虎《ジーラオフー》（張り子の虎）」と書いてある。西公家が没落しなければ、そして革命が起きなかったら、かれは黄金家族の後継者として、シャルリグの地をまもっていたかもしれない。だが現実はちがう。もの心がついたところには、西公シャンの栄光などすでに過去の亡霊であったし、その後もただ食ってゆくだけの時代がつづいた。名前だけの「西公」を揶揄して、張り子の虎にされたわけか（写真39）。

ボロ・ガトンとバウは、これまで大衆集会で吊るし上げにあった経験がない。それでもなにをされるのか、どうされるのか、という最初の恐怖が去ってからは、民兵らの悪罵も、毛語録のくりかえしも、ただの雑音にすぎなくなった。

ボロ・ガトンは、レンガの重みで首筋にくいこむ針金の痛みに耐え、バウはころげ落ちないよう、積み上げたイスに立っているつらさと闘っていた。

そこへこんどはスチンカンルがくわわる。大衆のさわぎがおさまったのは一瞬のこと、つぎには、

「ウォー」

という大喚声に変わった。

バウと同じように、積みかさねたイスの上に、「女妖怪」と大書した紙を巻かれたスチンカンルが引きずり上げられた。夫のボロルダイは階級が「貧牧」だったからか、どうやら吊るし上げはまぬがれたようである。西公シャンの三人がそろったところで、批判闘争集会の熱気がいちだんと高まる。

「スチンカンル！　きょうはおまえら一家の批判闘争集会だ。わかっておるな。大衆

はみんな、おまえらの自己批判をもとめている。老マングースに張り子の虎、それに女妖怪のおまえだ。いくらでも自己批判することがあるだろう」

民兵隊長の言葉に、あちこちから、

「自己批判！　自己批判！」

という声がとぶ。声の主はほとんどが若い。年配者はだまって成り行きを見つめている。

スチンカンルは、こんどの吊るし上げの雰囲気が、これまでと大きくちがっていると感じた。どこか殺気だっているのだ。「内人党」の旧メンバーや僧侶が、沙漠で処刑されたのは記憶に新しい。が、それだけではない。

——あれは、一九四〇何年だったか？　河南の南の陝西省、靖辺《せいへん》に、お母さんといっしょに行ったときだわ。土地改革に反抗した地主を、農民と人民解放軍が石でたたき殺すところを見たのは。

割れた頭から流れ出る血の色が、つい、きのうのことのように、目の前によみがえってきた。

牧主であり、王女であったことが、自己批判の対象だとは考えぬスチンカンル。どうせ助からない命ならば、自分のどこが罪にあたいするのか、ハッキリさせてから死にたかった。

「あなたらが女妖怪と呼びたければ、それはそれで結構。だが女妖怪とは、単なる呼び名じゃないの。わたしの罪とはなんなの？　まずそれを教えてほしいわ！　さあ、教えて！」

　娘の発言に死の覚悟を読みとったボロ・ガトンの全身に戦慄が走った。あべこべに大衆は、あまりにも大胆な発言に、一瞬、アッケにとられた。群衆の背後からスチンカルンの様子を眺めていたボロルダイの視線が、民兵隊長の横顔にそそがれた。

　おもいもよらぬスチンカンルの反撃に、頬をひきつらせた隊長は右こぶしを振り上げて叫んだ。

「そういう態度が、反革命だ。まだわからんのか！」

　興奮のあまりドモリ出す隊長。

「こ、この柱時計はなんだ？　この頭飾りはなんだ？　ブルジョア的、封建的思想の証拠じゃないか！　こんなものをいつまでも隠しておくとは、それでも女妖怪ではないのか！」

　それに呼応した民兵のなかから、

「そうだ！」

「女妖怪！」

の声が上がり、シュプレヒコールとなって会場に広がる。こうなっては批判も自己批判もない。

もし隊長が「四旧一新」の紅衛兵理論を、冷静に展開していたらどうだったろう。柱時計は旧文化の遺物、頭飾りは旧風俗のシンボル、そういう旧習慣を維持する旧思想の持ち主として、徹底的に糾弾されたのではないか。そのあげく、沙漠の露と消えていたかもしれない。そうならなかったところに、スチンカンルの命運の強さがあった。

批判闘争集会は正午すぎまでつづいたが、民兵にしても空腹には負ける。しかも早朝からの動員である。

「死ぬまで悔い改めぬなら、継続革命！」

そう宣告されて、西公シャンでの集会は終わった。民兵たちは相も変わらず赤い毛語録をかかげ、「継続革命！　継続革命！」を連呼して散っていった。革命を継続せよとは、スチンカンルらへの批判闘争は、ずっとつづくんだぞという意味が込められていたのだ。

継続革命論は毛沢東が五〇年代に提唱し、文革の指導理念となっていた。それは社会主義社会が建設されても、階級の内部には堕落変質した分子や、新しいブルジョア分子がつねに生まれてくる矛盾があり、そういう「階級敵」をなくすために、革命は継続しなければならない、という理論である。

写真40：モンゴル草原に建っていたチベット仏教の寺院。1950年代初頭の風景で、その後、ほとんど中国政府によって破壊された。（著者提供）

ボロ・ガトン、スチンカンル、バウの三人は、つぎの会場であるシャルリグ寺へ連行された。ここでは公社員である牧畜民をさらに動員し、批判闘争をもり上げようというのだった（写真40）。

三人が連行されたあと、西公シャンに留まった一部の民兵は、旧社会の遺物として、破壊からまぬがれていた西公シャンの建物を、徹底的に打ちこわす任務をあたえられていた。清の光緒二年（一八七六）から九十年の歴史を伝えてきた栄華の跡が、このときシャルリグの地から姿を消す。

とりこわされた木材やレンガは、生産大隊の本部がある西部のチョーダイへ運ばれていった。

スチンカンルたちはもちろんそんなことは知らない。夕刻から、ふたたびシャルリグ寺で吊るし上げられたのち、こんどは巡回批判闘争を受けることになった。ひとりずつ身柄を三小隊にわたたし、そこで闘争がすめば他の小隊へと、たらいまわしにするのだ。

スチンカンルはまずボロ・トロガイ小隊、バウはオンゴン小隊、ボロ・ガトンはギラト小隊に割り当てられた。巡回批判闘争は、三人が所属している人民公社内だけとはかぎらない。他の公社から《要請》があれば、連行されて闘争にかけられる。相手変われど主変わらずの連日、それはやむことがなかった。それでもまだ、ひどい肉体的危害をくわえられないだけよかったのかもしれない。

造反派の暴力

こうしてむかえた一九六七年。

文革の火はなおいっそう激しく燃えさかる。それは毛沢東の権威の再構築をねらい、その後継者の地位をかためようとする林彪、そして劉少奇ら実権派の追い落としをはかる江青ら文革推進派が展開した大攻勢だった。

そのころ、上海造反派のリーダーとしておどり出たのが王洪文《おうこうぶん》である。上海国営綿紡績第十七工場の保衛課副課長だったかれは「上海労働者革命造反総司令部」を組織し、他の組織と連合して上海市党委員会の奪権に成功する。上海の「一月革命」といわれるものだ。

これを称賛した毛沢東は「全国各省のプロレタリア文化大革命運動の発展にとって、巨大な推進作用をはたすにちがいない」とのアピールを「人民日報」に寄せ、全国放送させた。一月八日のことである。

オルドスでも造反派がふるいたった。同月二十六日、盟政府所在地の東勝に「オルドス・プロレタリア造反司令部」が成立し、各旗の文革派に「革命運動をさらに猛烈に、さらに勇敢に推進させよう」との檄《げき》がとんだ。内モンゴル自治区全体に共通していたのは、造反派がほとんど中国人からなるということだった。

「造反」とは、当時の《錦の御旗》であった。前年の八月、広がる紅衛兵運動を沈静化しようとする劉少奇ら党中央の動きを牽制した毛沢東は、北京にある清華大学附属中学の紅衛兵組織に、激励の手紙を送った。

このなかに「造反有理《ぞうはんゆうり》(反逆には道理がある)」という一句があり、造反が革命への合言葉になっていた。

封建時代には「造反無道(反逆は人間の道に反する)」といわれていたのだから、価値観の逆転である。中国共産党がまだ延安に根拠地を置いていた一九三九年(昭和十四)、毛沢東は「マルクス主義をひと言でいえば、造反有理だ」と述べており、中国革命とともに生きてきたかれの座右の銘が、造反有理だったのかもしれない。

その意味からいえば、清末から民国にかけてウーシン旗の政治改革をとなえ、モンゴル人の覚醒をうながしてきたシニ・ラマなる人物は、またとない当時の造反派リーダーであったといえる。ウーシン旗政府所在地にはかれの遺徳をしのび、業績を顕彰するシニ・ラマ記念碑が建っていた。しかし文革とともに、かれの組織した「内人党」は、反革命集団として粛清の対象になったのである。

——なのに、なぜシニ・ラマ記念碑を建てておくのか。

オルドス・プロレタリア造反司令部の檄にこたえて、ウーシン旗の中国人造反派は記念碑を爆破した。そして碑下に納めてあったシニ・ラマの遺骨は、肥溜めのなかに放りこまれる。シニ・ラマの革命運動は反中国的だったとみられたためだ。このように、文革の嵐が内モンゴルの草原を襲ったさいには、つねに民族間の激しい対立という性質をおびていた。

すでに跡かたもない西公シャンの周辺は、この年の春までにすっかり開墾されていた。夏には例年になく雨が多く、主食のキビは豊作だった。人民公社の幹部は大衆に呼びかける。

——生産と革命、その両方の《豊作》をかちとるために、批判闘争を広く深く推進しよう！

スチンカンルへの批判闘争が、豊作祝いに代わる行事になった。昼はキビの取り入れにおわれ、夜は群衆の罵声の前に立たされる。肉体的にも精神的にも、彼女の疲労は徐々に限界に近づきつつあった。

そんなある夜の批判闘争集会で、造反派を自認する張万年《ちょうまんねん》とバトジャヤーという男が叫んだ。なかでいちばん恐れられていたのは、怪力の持ち主、張万年である。身長二メートルにちかい巨漢のかれは、陝西省の楡林から移住してきた中国人で、文革のはじまる前にはシャルリグで小さな鍛冶屋を営んでいた。性格も粗暴だったのだろう。地元のモンゴル人から好かれていなかった。ウーシン旗では、張万年が造反派の急先鋒で、バトジャヤーはその子分だった。

「スチンカンルを飛行機に乗せろ！」

スチンカンルはどうされたか。これまでは二脚のイスだったが、その上にもうひとつイスを乗せる。高さは二メートルにちかく、その上へ立たせた彼女の首に、針金を通した石のひき臼を吊るす。直径三十センチほどの小さなものだが、重さ四、五キロはあろうか。

「それっ、両手をひろげるんだ！」

弱者をいたぶる人種は、どこにでもいる。苦痛にゆがむスチンカンルの顔を眺めて、張万年が、にたりとしていた。

彼女が両手をひろげるより、

「ギャー」

という悲鳴のほうが早かった。バランスを失ったスチンカンルが、前にすわってい
た中年女性の上に転げ落ちた。総立ちになる群衆。石臼の直撃で女性は重傷を負い、
スチンカンルは意識不明となって転がった。

批判闘争集会はつづけられない。

——スチンカンルをどうするか……。

息がある以上は大丈夫、とみた張万年らは、ひとまず彼女を西公シャンの東にある
牛小屋まで運んだ。ボロルダイと息子のエルデニが、交替で徹夜の看護にあたった。
ようやく彼女の意識がもどったのは翌早朝だったが、なかなか視線が定まらない。
目の前が霧に包まれたようにかすんでいる。

——ここはどこ？　わたしはどうしたの？

頭を上げようとしたとき、全身に激痛がはしった。

「イタいっ……」

自分の叫びで覚醒したスチンカンルは牛小屋の土間に寝かされているのに気づいた。
まわりにはだれもいない。意識のなかった彼女は、夜のあいだ、夫や息子がそばに
いたことも、かれらがすでに公社に出かけたことも知らない。起き上がろうとしたが、

こんどは腕から胸にかけて、がまんのできぬ痛みが襲った。石臼を首にぶら下げたままイスから転落したとき、胸を強打して肋骨が折れたか、鎖骨にひびでも入ったのだろう。

痛みに耐えて横になっている枕もとへ、造反派が四、五人、張万年を先頭に入ってきた。

「ほう、気がついたのか。気がついて目がさめたんなら、とっとと起きて、はたらくんだ！　おまえは先祖の功績を鼻にかけて、はたらかずに食っていこうというのか？」

怒鳴りちらす張万年。かれは集会に参加していた女性が、転落したスチンカンルの巻き添えになり、大けがをしたことにも腹を立てていた。

「自分の口ぐらい、自分ではたらいて養うわ。だけど、わたしの先祖が功績を立てていたころ、あんたらの先祖は、いったい何をしてたっていうの？　みんな、うちの先祖にしたがっていたんじゃないか！」

張万年の目をにらみ返し、痛みをこらえ、必死のおもいで反発するスチンカンル。

「なにをー、こいつ。生意気な！」

かっとなった張万年が、おもいきり彼女の腹部を蹴りつけた。スチンカンルは、ふたたび失神する。

やっと気づいたのは昼に近い十一時ごろ。なんとか牛小屋からはい出し、畑に向かう道をたどりだした。だが、まともに立っては歩けず、いざっては倒れ、ひと息ついてはまたいざりと、どうやら数十メートルほど進んだろうか。午前中の作業を終えた公社員らが、昼食の休憩で帰ってくるのに出会った。

目ざとくスチンカンルの姿を見つけた張万年らは、

「ふーん。まだ立てないのか。立てないのなら、刈ってあるキビを束ねていろ。わかったか」

そう命じて笑い声を上げた。

ボロルダイと息子のエルデニが、かけよって両脇からスチンカンルをかかえ起こした。あぶら汗を流し、苦痛に眉根をよせた母の顔を、心配そうにのぞきこむ息子。夫はあゆみ去る張万年の背中に視線をあて、小さく首をふった。

——この状態でキビを束ねるなんて、とうていできぬ。なんとか頼んでみよう。

妻のからだを息子に託したボロルダイは、急いで幹部たちのあとを追い、できるなら休ませてやってほしいと懇願した。だが造反派は簡単には承知しない。結局、すわってでも作業ができる、ジャガイモ掘りの仕事にふりかえられた。

ジャガイモ畑にひとり残されたスチンカンルの《死闘》がはじまる。鍬をふるえないから、まったくの手掘りだが、腕の痛みはますますひどくなり、どうしても動かせない。熱が出てきたのか、意識がときにかすむ。

写真41：毛沢東の肖像画の前で、共産主義を称賛する寸劇を演じる中国の人々。（著者提供）

――負けてはいけない。ここで負けては。

いくら自分を励ましても、からだが一向にいうことを聞いてくれない。それでも懸命の努力でジャガイモ掘りに立ち向かう。いくつ掘れたのかわからないうちに、早くも秋の陽が西に傾きはじめた。

キビ畑での作業を終え、鎌を銃のようにかついだ公社員らが、毛主席をたたえる歌で、歩調をとりながら帰ってきた（写真41）。

「我們是毛主席的好戦士《ウオーメンシマオチユウシダハオチヤンシ》……われらは毛主席のよい戦士！」

先頭の青年がスチンカンルのそばを通りかけて、あとにつづく歌詞をのみこんだ。午後の半日をかけて掘ったにしては、数えるほどのジャガイモしか転がっていない。それをぼーっと見ている彼女のうつろな表情に、ギョッとしたからだ。

なにごとかと群がりよった公社員らは、一瞬あきれて目を見張る。

「えーっ、こんな小イモをいれて、たったの十七個！」

女たちのあいだから、おびえともつかない声が上がった。それは、ひと一倍はたらき者だったスチンカンルを知る同性としては、信じられない数だったにちがいない。

なかば意識を失い、ボロぎれのようになった妻を公社に連れ帰ったボロルダイは、その夜、幹部らに再度懇願した。かれらは会議のすえ、

――スチンカンルが死ねば、封建社会の生きた証拠がなくなる。

ことを《理論的根拠》に、当分のあいだ、彼女への批判闘争は中止し、農作業も休ませる決定をくだした。幹部会はボロルダイに伝えた。

「あいつをおまえの家へもって帰れ。だがな、その分はおまえにはたらいてもらうから。いいな」

「反省する」モンゴル人

その年の暮れは例年にない大雪となった。大雪は豊年の前兆だという。乾燥度の高いオルドスの地では、とくにそうだったかもしれない。開墾地は白一色におおわれて、

人民公社の農作業もしばらくできそうにない。

夫のボロルダイも息子のエルデニも家に帰っており、近づく春節を一家三人でむかえられそうな気配だった。そうなれば十年ぶりの楽しい正月である。

まだ少し、節ぶしの痛みは残っているのだろうが、健康を回復したスチンカンルは、正月準備にとりかかっていた。それは一家のささやかな幸福のように見えた。

その幸せを破ったのは、彼女の耳にとどく民兵らのシュプレヒコールである。

「あっちから、東のほうから声が聞こえてこない？　また民兵たちがきたのとちがう？」

「中国語が聞こえる。中国人か？」

母親の大きな声に、驚きながら耳をすます息子には、そんな叫びはおろか、家畜のなき声すら聞こえない。

「なんにも聞こえないよ。お母さん」

「わたしには聞こえたんだから……ちょっと外へ見にいってみて」

不安と不審がいりまじった顔で、母親を眺めた息子だが、いわれたとおり外へ出て東の方角に目をこらす。

雪化粧でなだらかな起伏を見せるグルビン丘陵には、人影ひとつ見えなかった。ウルジイチャイダム小隊がある東方からも、東南のアドン・ドカイ小隊からも、シュプレヒコールなど上がっていない。

「そら耳だよ、外は静かだよ」

聞いて安心するスチンカンルの幻聴が、日によっては二回ぐらい起きるようになった。そのつど、夫か息子が外を確かめぬかぎり落ち着かない。強迫神経症というか、神経の平衡がくずれかけていたのだ。

いつもは貧乏は貧乏なりに、こざっぱりした服装をするように気をつかっていた彼女である。それが服のよごれにも頓着しなくなり、他人の目には「どこか、おかしい」とうつることが多くなった。

そんなある日……。

前に西公シャンで飼っていた白馬が、生産隊の棚囲いから逃げて、スチンカンルのもとへ帰ってきた。公有化されて十年にもなるか。老いて毛並みのつやも衰えていたが、たぶん、生産隊の飼料がきれ、もとのすみかを忘れずに戻ってきたのだろう。スチンカンルは嬉し涙にくれ、馬の首にすがりついた。

「よく帰っておくれだね。そうだ、おまえに脱穀してもらおう」

彼女は石臼がのこる西公シャンまで馬をひき、キビの脱穀にとりかかった。石臼には「打倒スチンカンル」「打倒チョグトオチル」などとスローガンを書いたビラがはられていた。それを丁寧にはがし、きれいにたたんでいるうち、廃墟のあちこちに散らばるビラに、彼女の視線がさまよい出した。

――あそこにも、わたしの名前……。

スチンカンルには、自分の名前だけが浮き出して見えた。スズメが四、五羽、キビをついばんでいるのにも気づかない。

いつしか脱穀まで忘れて、廃墟のなかを歩きはじめた。ビラを拾ってはたたみ、たたんでは拾いながら、あたりを見わたすその目には、豪華なむかしの宮殿建築が、鮮やかによみがえっていたようである。

翌日、スチンカンルは、「たきぎを拾いにくいから」と、息子にいいおいて出かけた。どこへとは告げなかったが、近くの灌木林だろうと、エルデニは気にもしなかった。

――批判闘争集会のリンチを受けてから、神経が参ってきたな。

とは、夫のボロルダイにもわかっていたが、幻聴症状がないときは、それほど病状が進んでいるとは、おもってもみない。身内のひいき目だったろう。

昼をすぎたが、スチンカンルは戻らない。

「遅いな。何時ごろ出かけたんだ、お母さんは？」

息子に聞くボロルダイ。

「十時前ごろだったかな。もう帰ってくるんじゃない」

しかし一時をまわっても音沙汰がない。イライラしながら待つより、さがしにゆくのが先決だと、ボロルダイは上着をつかんで外にとび出した。

「エルデニ、おまえは家に待機しておれ！」

大雪のあとの澄み切った空に、小春日和ともいえる穏やかな午後の日ざしが、積もった雪に反射して目にまぶしい。ボロルダイが灌木林に通じる北への道を、いくら眺めすかしても、それらしい影はない。

――どこかで倒れているのか？

たきぎ採りなど息子にやらせればよかった、というおもいが次第に不安に変わって足を急がせる。雪が消えぬ道には、かすかな足跡が残っている。

家から一キロほどの地点に、スチンカンルがもって出た、たきぎをしばる縄が落ちていた。さらに先をたどれば、彼女がぬぎ捨てたのだろうか、着ていたボロの上着が道ばたに見つかった。足跡はどうやらグルビン丘陵へ向かっている。

――スチンカンル！　なにがあったんだ。

どっとふき出す冷汗を、全身に感じたボロルダイは、その跡を追いつつ夢中で走った。グルビン丘陵も一面の積雪に輝いていた。

スチンカンルはその東北端、ホトクト・セチェン・ホン・タイジをまつったイケ・オンゴンを望む丘に立っていた。しかも、一糸まとわぬ生まれたままの姿であった。大地の白と蒼《あお》い天を剪《き》りさいて立つ彼女の背を、太陽の光だけが包んでいる。

凝然として立ちすくむボロルダイの耳に、妻のつぶやきが伝わってきた。

「わたしは反省する。わたしは反省します」

そうくりかえしてはイケ・オンゴンに頭を下げる。腰まで伸びた豊かな黒髪が、そのたびに揺れた。

たびかさなる批判闘争にも耐えてきた神経の糸が、プツンと切れた遠因は、やはり先祖の英雄をまつる聖地に、開墾の「第一犂」をいれねばならなかった罪の意識にあったのか。

人前で肌をあらわにしないのは、古来、草原の遊牧社会の女性に共通した身だしなみである。モンゴル人もそうだし、とくに王公貴族の家庭では厳しくしつけられていた。なのになぜスチンカンルは、自らの裸身を天地の間にさらしたのか。

むかしのモンゴルでは王女や貴婦人を、大衆の面前で裸にひきむくのが、彼女らに対する最高の刑罰とされていた。スチンカンルの病んだ脳細胞が、自身を罰せよとのシグナルを送ったのかもしれない。その最高の刑罰は、モンゴル人を「解放」した、と宣言していた中国政府から与えられたものだった。

これ以降、彼女は誰に会っても、「わたしは反省する」と、つぶやいては深ぶかと頭を下げるようになった（写真42）。

隣の国・中国で起きた文化大革命は、日本の各界にも衝撃を与えた。のちに中国自体が「歴史に前例のない」と総括したことでもわかるように、当時はその本質を正確

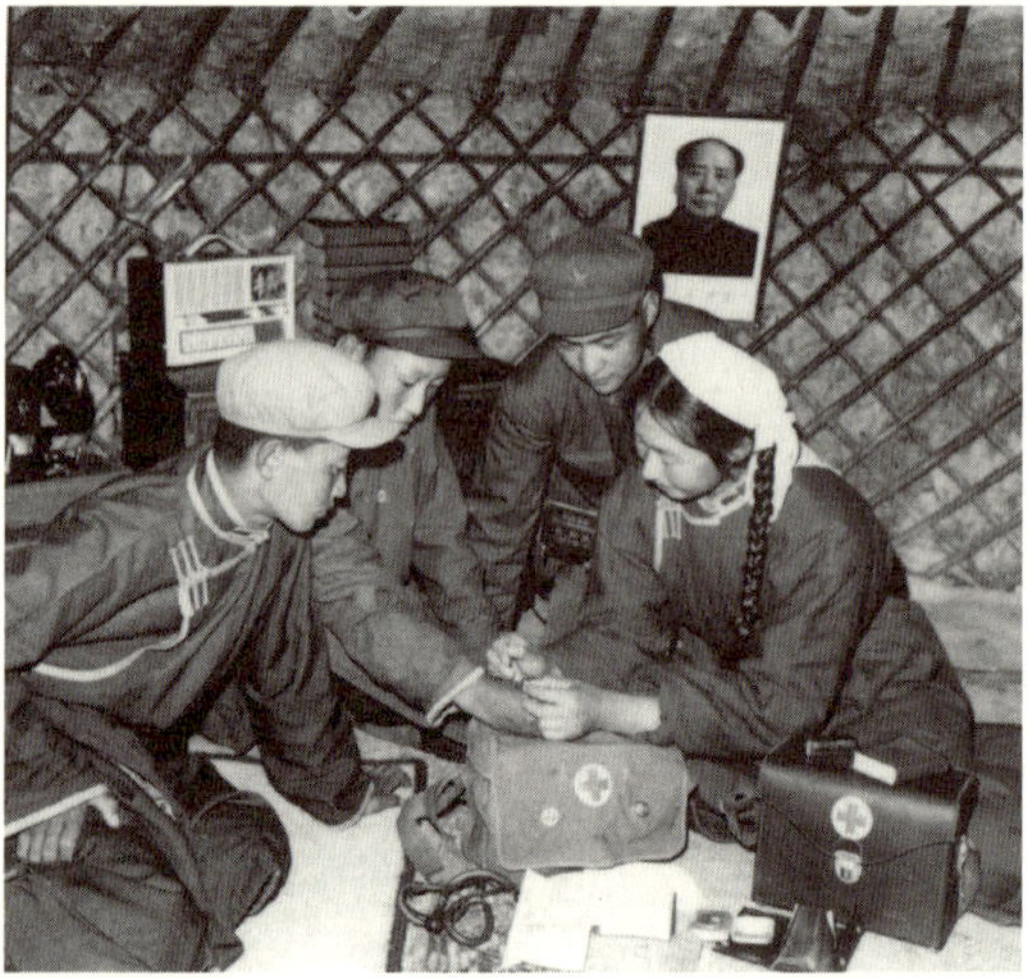
写真42：天幕内で医療行為をおこなっている風景。中国がモンゴル人に近代化をもたらしたというプロパガンダの風景。（著者提供）

にとらえ、事態の進展を予測できるはずもなかった。が、一九六六年秋から総合雑誌を中心に、文革論議がさかんとなり、擁護派と批判派がいりみだれる。

そのころは池田・経済成長政策のあおりでインフレが進むなか、同年一月に早稲田大学で起きた学生運動を皮切りに、各地で全学連の闘争が火をふこうとするやさきだった。こうして昭和四十四年（一九六九）まで、東大、京大など多くの大学に、警察機動隊が導入させる日がつづいたのも、日本の若者たちが「造反有理」ウイルス熱に、おかされた結果だったのだろう。

第七章　名誉回復への道

ロバに乗せられた「女妖怪」

スチンカンルの意識は、霧のなかをさまようことが多くなった。その霧が深いときは、ちょっとした影にもおびえる。イスに腰掛けて幸福そうな笑みを浮かべていれば、それが薄らいでいるときだろう。世間はそんな彼女の様子を「気がふれて……」と、見るようになる。

狂気はしかし、中国社会のほうにあった。人の姿を見れば「わたしは反省する」とつぶやくスチンカンルを、なおも巡回批判闘争にひきずり出したのである。

このころ「批闘《ピイトウ》」と呼んだ吊るし上げのやりかたは、ますますエスカレートしていた。それは単なる「批判闘争」ではなく、「批判」と「闘争」の、演劇風にいえば《一幕二場》の構成である。

「批判」とは相手の言動を口ぐちに攻撃し、執拗に自己批判をせまるものであり、「闘争」とは群衆の暴力を容認することである。だから集団同士の闘争ともなれば、双方が武器をとる「武闘」に発展しかねない。

武闘という表現が「人民日報」に登場するのは、一九六六年（昭和四十一）九月五日の社説「文闘を用い、武闘を用いるな」が最初である。

どこの人民公社にも民兵組織ができていたので、小銃や手投げ弾ていどの軽火器を入手することは容易だった。六七年からは武闘が激化し、一部地方では軍隊をまきこむ騒乱となった。とくにこの年の夏には《狂気の熱波》が全国を襲っている。

当時の中国の記録には、随所に武闘の文字があらわれてくる。だが、まだまだ中国情報のとぼしかった日本では、社会主義国として新生した中国で、実際に武器をとっての「武闘」が起きていることを、信じようとするものは少なかった。中国全国の情勢は以下のようなものだった。

七月

十三日　中共中央、国務院、「農民を扇動して都市の武闘に参加させることを禁止する通達」を出す。

二十日　南方で武漢事件発生。造反派に対抗する武漢軍区八二〇一部隊と「百万雄師《パイワンシュンシ》」の大衆が、中央文革小組の王力《ワンリイ》らを監禁、周恩来の奔走で解決。武漢軍区司令員・陳再道《チエンザイタオ》らが解任される。この事件による武闘死傷者は十八万四千余人。

二十二日　毛沢東夫人江青が「文攻武衛」のスローガンで武闘を扇動。
二十五日　林彪、江青らが「軍内のひとにぎりの走資派打倒」を呼びかけ、全国で軍事機関を襲撃する武闘が頻発。
八月
十七日　北京のソ連大使館に中国人デモ隊乱入。
二十二日　イギリス代理大使館事務所に、紅衛兵デモ隊が乱入・放火。
九月
五日　中共中央、国務院、中央軍事委が「人民解放軍の武器装備、各種軍用物資の略奪を禁ずる命令」を出す。
十日　「毎日」「東京」「サンケイ」の各紙北京駐在記者に退去要求が出される。

これに並行して、国家主席劉少奇と夫人の王光美《おうこうび》、鄧小平に対する批判集会も勢いをました。大規模なものは一九六六年末に、北京の工人体育館に紅衛兵十万人を動員してひらかれたのが最初である（写真43）。
六七年春からは「党内最大の資本主義の道をあゆむ実権派」として、劉ら三人はあいつぐ攻撃の的となり、なかでも中南海を中心に、百万人を集めた八月五日の集会が圧巻だった。

写真 43：内モンゴル自治区における鄧小平批判大会の様子。(著者提供)

中南海とは、北京市の中央部、故宮の西側に接する区域で、とおく遼、金代から皇帝の離宮にされていたところである。そして、清朝の皇帝が三〇〇年間君臨したのち、中華民国を宣言した孫文から権力を奪った袁世凱《えんせいがい》が総統府としたのもここであった。

一九四九年に発足した中華人民共和国は、やはり中南海を共産党中央委員会と国務院の所在地とし、毛沢東と劉少奇、周恩来ら党・政府要人の住まいもこのなかにおいた。総面積は約百ヘクタールと広いが、その半分は「中海」と「南海」と呼ばれる人工湖で占められている。

長安街に面した南の正門「新華門《シンホワメン》」には常時、国旗が掲揚されて衛兵が立ち、まわりは朱塗りの高い塀で囲まれているため、内部の様子は外からうかがえない。いまもなお党・政府要人の公邸は、ここに定められている。人民政府と称されているものの、人民は決して権力の中枢たる中南海に入れない。革命と称しながらも、中南海の主人が昔の皇帝から共産党の高級幹部に替わっただけだ。

さて、劉少奇らに対する集会は、《批判》に名を借りただけの《闘争》集会だった。それから二十一年後（一九八八年四月）に第一巻が出版され、ただちに発禁となった覆面作家、黒雁男《ヘイイエンナン》の『十年動乱』には、「闘争」の対象となった劉少奇の惨状が伝えられている。

ここでは精神に異常をきたしたスチンカンルが、なおも巡回批判闘争に引きまわされる背景説明として、国家主席・劉少奇にくわえられた「闘争」なるものを、『十年動乱』から眺めてみたい。

七月末にひらかれた中央文革小組の打ち合わせ会で、第一副組長の江青が発言した。

「八月五日は、毛主席が《司令部を砲撃せよ》という壁新聞を発表して、ちょうど一周年だけど、お祝いの行事になにかいい考えはないかしら？　どう、みんな」

それにこたえたのは、康生《カンション》（小組顧問）である。

「いちばんいいお祝いは、その日にもう一度、劉少奇を砲撃することだ」

「そうだわ。中南海から引きずり出して……それにあいつの女房も鄧小平もいっしょにして！　天安門で、どでかい批闘会を開くのがいいわ」

満面に笑みをうかべる江青。だが周恩来に水をさされ、

「総理にはなんでも値切られてしまう。それでは天安門ではなく、中南海で劉少奇、鄧小平、陶鋳《タオチユウ》の批闘会をひらきましょう。だけどこんどは映画と写真に撮り、全国の人民にその様子を見せてやります」

と、いささか不満げだった。

八月五日、百万の群集と赤旗が天安門広場をうめ、「大海航行靠舵手《タアハイハンシンカオトウオシヨウ》……」（大海を航行するには舵とりが必要）という毛沢東賛歌があたりにこだまし、中南海はいっさいの業務を停止した。

筋骨たくましい巨漢が数人、劉少奇、王光美夫妻を両脇からかかえ上げるようにして、中南海に集まった大衆の面前に引きずり出した。その様子は塀にさえぎられて、天安門広場にいた群集には見えない。それでも塀内からわき起こったシュプレヒコールに、広場の群集が呼応した。

夫妻の両腕をうしろに引っぱり、頭を強く前方に押さえつける大男たち。形が似ているためジェット機式という、当時はやった闘争方式のひとつである。たけり狂った大衆の糾弾がつづき、なにか考えようとすれば罵声に消され、ときには殴打がくわえられる。

やがて大男のひとりが劉少奇の白髪をワシづかみにし、苦痛にゆがむ劉の顔を持ち

上げた。待ちかまえていたカメラのフラッシュが光った。

批判闘争はそれだけではすまなかった。こぶしを振り上げる紅衛兵を大きく描いた漫画が、会場の一角にはられていた。夫妻をその前まで引いていった男たちは、ここでもふたりの頭を押さえつけ、漫画の紅衛兵に謝罪を迫ったのである。紅衛兵の手にするロープの輪が、劉少奇の首にかかろうとする図が、見ている者の興奮と狂気をあおった。ついでに述べておくが、日本とちがって中国では、漫画は政治闘争に用いられる鋭利な武器だ。相手を批判し、風刺する政治的な武器である。

どっと押し寄せる群集。暴力の渦にまき込まれ、なす術《すべ》もない劉少奇。はいていた靴まではね飛ばされ、いつのまにか靴下だけにされてしまった。目も鼻もはれあがり、腰はのばせず、右足を引きずらねば歩けぬほどの打撲傷を負った。

それでもかれを助け起こす者はだれもいなかった。

モンゴル人のスチンカンルの巡回批判闘争は、一九六八年にはいっても依然としてつづいた。だが、ちょっとした変化があった。連行途中で民兵と争い、逃げ出そうとする彼女に手をやいた造反派は、護送中のスチンカンルをロバに乗せるようになったのである。

モンゴル人の乗りものは馬がふつうであり、たまにはラクダにも乗る。特に貴族は馬以外に乗らない。また、ロバは荷物運びに使うだけでモンゴル人は乗らない。ロバは中国人の乗りものだ、との価値観もある。貴族で、元王女の彼女をロバに乗せたのは、荷物あつかいだぞ、という造反派の優越感と相手に対する侮蔑を示すものであった。

さらに夫ボロルダイの同行も認めた。待遇改善という名目だが、途中でトラブルが起きたら、夫におさめさせるのがねらいだったのだろう。批判闘争のさいにはスチンカンルだけが、大衆の前に立たされ、ボロルダイははるかうしろで参観を許される。かれは階級身分こそ革命大衆を意味する「貧牧」だったが、王公貴族の婿である以上、政治的な立場がはっきりしない「両面（コウモリ）派」と見られていた。

「女妖怪」の札を胸に下げたスチンカンルは、ロバの背で「わたしは反省する」とつぶやきながら、各地でひらかれる批判闘争集会に、引かれてゆくのが日常となった。もう彼女を名前で呼ぶ者はなく、子どもたちからも「女妖怪」と、うしろ指をさされるようになっていた。

中国人からの復讐

梅雨のないモンゴル高原最南端のオルドスの夏は早い。草原の街シャルリグでも六月になれば、昼の最高気温は三十二度を超す。その暑さも影響したのか、スチンカンルの健康状態は精神面ばかりでなく、全身的に衰えを感じさせるようになった。

そんな六月のある日……。

数人の民兵が、彼女のようすを見にあらわれた。医者を連れてやってきたのだ。

「亭主がいうだけでは、どの程度、調子が悪いのかわからんし……」

民兵が医者に命じたのは、スチンカンルがこんご、どれだけの批判闘争に耐えられるかを、チェックさせることにあった。

「まあ、鍼《はり》でも打っておけば大丈夫でしょうな」

脈を診た程度の、簡単な診察ですませた医者は、スチンカンルをうつぶせにし、二、三のツボに鍼を打った。効いたかどうかは別である。それから数日後、

――少しは元気になったようだから、シャルリグ寺での批判闘争大会に出頭せよ！

との命令がとどいた。

相変わらず「女妖怪」の札を胸に吊るし、ロバに乗せられたスチンカンルは、シャルリグ寺へ連行された。

ウーシン旗の造反派は、これより前の五月中旬、民族分裂主義者、封建王公代理人、革命に反対したり、スパイ行為をはたらいたりした者、死ぬまで悔い改めない走資者（資本主義の道を歩む者）、などと見なした百三十一人を摘発し、公職から追放している。

造反派はほとんど中国人からなる。モンゴル人は肩身が狭かったので、造反派にはな

写真44：草原地帯で開かれる中国共産党主催の大会。暴力の現場である。

れなかった。

そんなこともあって、この批判闘争大会は「国民党、三民主義青年団、妖怪、悪魔を粉砕する大会」と名づけられた。シャルリグでは従来にない最大規模のものとなった（写真44）。

三民主義とは、満洲人の清朝を打倒した孫文が指導する中国ブルジョア民主革命のなかで提起された民族主義、民権主義、民主主義の三つを指す。三民主義のなかの民族主義は満洲人とモンゴル人を中国から追放しようとする思想だ。それに共鳴した当時の青年たち、あるいは旧国民党員らが反革命、あるいはスパイだとされ、粉砕の目標に上がったのだ。

旧幹部としていまは失脚している、かつての書記アルビンバヤル、副書記のゴンボウルジ、さらには大ラマの地位にある高僧まで、闘争の対象になった。そのなかにスチンカンルをくわえなければ、盛り上がりにかけると考えての、医者の鍼治療だったのである。

シャルリグ寺は、すでに名ばかりの廃墟になっていた。スチンカンルの大伯父バラジュル公が再興した大伽藍《がらん》は、チャム踊りの舞台に使う広場と周囲の垣だけをのこし、破壊しつくされている。その破壊の歴史は、チンギス・ハーンの血をひく彼女一家の没落史に重なっていたし、モンゴル文化の否定にもつながった。

ロバの背中からチャム踊りの舞台を目にした途端、スチンカンルの意識の霧が徐々に薄れはじめた。母ボロ・ガトンから聞かされたさまざまな思い出ばなしが、彼女の脳裏をかけめぐる。

――お母さんが西公シャンへ、父の第三夫人としてむかえられるきっかけになったのはここ。

――シャルリグ寺の大ラマだった叔父のウー・ラマが、清朝の土地開墾政策に反対して、訴訟集団の旗揚げをしたのもここ。

――父がシニ・ラマを、内モンゴル人民革命軍第十二団長に任命したのもここ。

そして、母や召使たちにかこまれ、チャム踊りのにぎわいに興奮した少女のころの風景が、鮮明によみがえった。

しかし昔をたどれる彼女の脳細胞も、その《過去》がすべて悪、と否定される現在の情勢までは認識できない。意識はふたたび霧の底へ沈む。それはプロレタリア民主革命のなかで生まれた「新生事物」のみを正しいとする。民兵たちの声から遠ざかる意味では、かえって幸せだったかもしれない。

当時のシャルリグ区の党書記は、中国人からなる造反派に推されて奪権したアルビンバヤルという男だった。実権を握っていたのは、造反派のリーダーの楊徳茂と賀定青で、アルビンバヤルは傀儡にすぎなかった。楊徳茂は郵便局の職員で、賀定青は信用組合ではたらいていた。どちらも、陝西省から入植してきた中国人だ。

内モンゴル自治区は、文化大革命による全国的な奪権闘争が起こるまで、内蒙軍区司令員のウランフー（モンゴル人）が党第一書記を兼任しており、党・政・軍の大権を一身に集める《少数民族自治のシンボル》の観があった。

しかし、ウランフーは一九六六年五月一日、全国の省・自治区のトップとしては真っ先に軍司令員を解任されて失脚した。わずかに残っていたモンゴル人主体の騎兵師団も武装解除され、同年十一月には、後任の内蒙軍区司令員・滕海清《トンハイチン》（中国人）を主任とする内モンゴル自治区革命委員会が成立する（写真45）。

写真45：内モンゴルに進駐する人民解放軍。（著者提供）

　オルドスではこの年の一月末、イケジョ・アイマクの盟長ボヤンバトが、毛主席の方針に反対したとして批闘の対象になり、「オルドス・プロレタリア造反派連合総指揮部」によって、盟長を追放されていた。ここでも、造反派は中国人で、追放された盟長はモンゴル人だった。

　ウーシン旗の「紅色革命造反団」が、旗の奪権宣言を出したのも同じころである。下部組織まで完全に掌握した紅色革命造反団が、「ウーシン旗革命委員会」へ衣更えしたのは、同年十二月末であった。奪権とは、中国人がモンゴル人から自治権を奪うことを指す。

　傀儡のアルビンバヤルはその奪権運動のなかでシャルリグの新幹部となり、気骨あるモンゴル人のドブチンドルジとムンケジャラガルらは旧幹部として追放されていたのだ。ここでいう《旧》とは、リタイアした《元》という意味ではなく《四旧》に通ずる悪のニュアンスが強い。だから旧幹部という事実そのものが、批判闘争の俎上《そじょう》にのせられる罪状となる。

シャルリグ寺の境内が遠近から動員した群衆でうずまった。楊徳茂と賀定青ら幹部席の正面に、スチンカンル、ムンケジャラガルら、本日の生贄が立たされる。全員、モンゴル人だ。ここに至って、オルドス高原のウーシン旗で、中国人造反派がモンゴル人から完全に権力を奪取したことになる。

「……妖怪、悪魔を粉砕する大会」の横幕のあと、群衆の熱気に武者ぶるいする民兵たち。なかのひとりがムンケジャラガルに命じた。

「女妖怪を背負って立つんだ。ムンケジャラガル！　そいつはおまえの、くされおっ母《かあ》だろう」

女妖怪の息子にされたムンケジャラガルは、いわれたとおりスチンカンルをおぶって立った。背中の彼女は、ボーッとした表情であらぬかたを眺め、抗《あらが》いもしない。なにがはじまるのか、群衆のあいだに期待と恐れがいりまじる。批判闘争なら、まず批判があるはずなのに、そんな気配はない。

――最初から闘争なんだろうか。それにしても、ムンケジャラガルに女妖怪を背負わせて、どうするのだろう？

群衆の目は楊徳茂と賀定青の横にならぶ男たちに注がれた。昨年の集会でスチンカンルを《飛行機》に乗せ、大けがを負わせた張万年をはじめ、「闘争の模範的英雄」たちが、腕を撫《ぶ》して立っているのだ。闘争にあたって情け容赦のない暴力をふるう者が、そのころの模範的英雄になっていた。

その中国人の張万年が、スチンカンルはおれに任せろ、と出てきたから群衆がどよめく。

「こいつのおやじ、チョグトオチルがなにをしたか！　みんなは知っているか。モンゴル兵を使いおって、わしら中国人をさんざんに殺したんだ。わしはその恨みを忘れておらん。死んだからといって、チョグトオチルが憎いし、その娘も憎い。いいか……これからわしは、その仇《かたき》をとるのだ」

張万年はほえるように叫んで、上着を脱ぎすてる。汗がしみ出た赤いランニングシャツの下から盛り上がる筋肉。群衆はサーッと静まりかえった。

ムンケジャラガルの顔は、おびえで蒼白に変わる。殺気を感じたのか、その背中でスチンカンルが暴れ出した。

ボロルダイはきょうも群衆のうしろから、手をつかねて見ているより仕方がなかった。いや、見てはいられない、という感じが先にたつ。精神のバランスがくずれ、全身弱りはてている妻が、暴力にさいなまれるさまを眼前に見せつけられては、どうにも身体のふるえを抑えることができない。

空気を裂《さ》いて殴りつける張万年の太い腕、たまらずムンケジャラガルは、スチンカンルを背負ったまま倒れふした。

容赦のない高の「闘争」で、スチンカンルの鼻から、口から、そして耳からも血が流れ出した。叫び声も上げられず彼女は、ムンケジャラガルの背中に失禁して悶絶《もんぜつ》する。

たまりかねたボロルダイが、造反派のリーダーの楊徳茂と賀定青に抗議した。

「たとえ、うちの女房は狂っていたにしても、意識だけはちゃんとあった。もしも意識が戻らなかったら、どうするんだ！」

冷笑した楊徳茂と賀定青らは、吐きすてるように答えた。

「ふん、沙漠にでも捨てろ！」

中国全土ではさまざまな暴力が横行していたが、内モンゴル自治区では、中国人が一方的にモンゴル人をリンチし、殺害するというジェノサイドが実行された。モンゴル人が中国人に抵抗するという構図は一九五〇年から完全に消えていた。これが、少数民族自治という政策の実態である。

文革時の生と死

そのころ、一九六八年六月には、オルドスからはるか南に離れた広西壮族自治区では武闘が激化し、幹部と民兵が「階級の敵」とされた人々の肉を食べる事態があいついでいた。革命のカニバリズムだ。さらに夏の北京では清華大学での武闘が激しくなり、この鎮圧に毛沢東の親衛隊・八三四一部隊を中心とする「労働者毛沢東思想宣伝隊」が進駐し、武闘の停止と紅衛兵運動の終始をはかる動きが出はじめていた。

だがスチンカンルへの巡回批判闘争は、一九七一年まで折りにふれてつづけられるのである。シャルリグ寺での闘争で、死ぬほどの目にあった彼女は、医者にかかることも許されず、どうにか動けるようになるまで、自宅によこたわっていた。それでも回復したのは、強い生命力のなせるわざ、としか考えられまい。

その生命力を支える大きな力となってくれたのは、栄華を誇った西公シャンの時代に、スチンカンルの母親ボロ・ガトンに仕えていた一女性だった。彼女は生涯、独身を貫いて身寄りがなく、すでに七十を過ぎていた。

ボロ・ガトンをはじめ、だれの助けも党からは許されていない元王女の惨状を見るに忍びず、スチンカンルのもとをたずね、看病と食事の世話を引き受けたのだ。

当時の情勢下で《人民の敵》の味方となるのは、まことに勇気がいったにちがいない。しかし「どうせわたしは、老いさきの短い独りぐらし。いつ殺していただいても結構」という老女の決意はかたかった。説得をあきらめた人民公社の幹部連も、ついには黙認するようになる。

幹部らにすれば、

――彼女がスチンカンルの看病をしなければ、夫のボロルダイと息子のエルデニを公社の労働力として使えなくなる。反対に七十過ぎの婆さんでは、公社作業の役にもたたん。

と考えたらしい。

では、彼女らふたりの食い扶持はどうなっていたか。人民公社ができたときにも説明したように、社員や家族は一日二食とも、全員が人民公社の食堂で食べるのが原則だった。これには「飯票《ファンピャオ》」という食糧切符制がとられていたが、食堂から遠く離れたところに住む老人や子どもには、旗政府の許可があれば、その分のキビが配給された。このころの一日ひとり平均の配給量は、約四百グラムであった。

人民公社の食堂は社会主義の優越性を示すものとして、ゆきずりの浮浪者にも食事をさせていたほどだから、看病にあたる老女性とスチンカンルにも配給はあった。それに七〇年代をむかえてから、公社の締め付けが少しずつ緩和されていた。羊や山羊四、五頭の私有が許され、家庭で消費するジャガイモなどを栽培する自留地も、増えていたのである。

私有の家畜飼育については、旗政府から割り当てられたバターやチーズなど、供出分を完納しさえすれば、残りは自家用のヨーグルトとして、自由に消費できるようになっていた。この脂肪分の補給が、スチンカンルの健康回復にも役立ったといえる。

余談だが、こんなこともあった。供出のバターやチーズは重量での計算である。自家消費を多くし過ぎて、供出分の足りなくなった公社員がいた。罰金を恐れたこの人民公社員は、バターの目方をごまかそうと、なかに羊の脂肪をいれる方法を考えだしたのだ。一時は成功したようだが、インチキがばれてさらに高額な罰金に泣いたという。固まると、バターと羊の脂肪は自然と別々になるからだ。

そんなことは別にして、スチンカンルが人の目をぬすんで、医療を受けられるようになるには、七二年まで待たねばならない。しかし、その点はあとにゆずり、ここでは当時の医療体制について、ふたたび劉少奇の例から眺めてみよう。

中南海での批判集会に名をかりた「闘争」後、国家主席を辞任した劉の健康状態は、一九六八年から悪化していた。糖尿病と高血圧の合併症がかなり進んでいたらしい。内モンゴルの草原地帯とちがって、首都の北京なら医者にはこと欠かないし、前国家主席となれば、それなりの治療が受けられてもよかった。

ところが、医療側に文革的制限がくわえられていた。かれの診療には常時、監視役の看守と看護婦が目を光らせていたし、党幹部にお伺いをたてないと、医師の考えだけで外来の高貴薬を処方できないのだ。

——人民の敵に情けをかけるのは、人民への残忍な仕打ちと同じ、となるし、そうかといって治療もせずに死なせるわけにはいかない。

——革命的ヒューマニズムの実践者としては、死なせぬ程度の薬をあたえねば、というわけである。

劉少奇が人民服の上着を、シャツといっしょにズボンの下に着こんだり、靴の上から靴下をはいたりするなど、生活行動に異常が見えだしたのは同年四月ごろからである。ついには両足をベッドにしばりつけられる。八月からは五回にわたり肺炎をくりかえし、十月十一日にはカニューレによる鼻からの流動食以外、受けつけなくなった。

——このままでは、もう長いことはありません。

医師団からの報告にあわてたのは、文革小組の康生や江青である。というのは劉少奇を「裏切り者、敵のまわし者、労働貴族」の罪名で「永遠に党から除名し、党内外のすべての職務から解く」決定をくだす中共中央八期拡大十二中全会が、二日後の十三日からひらかれる予定になっていたからだ。

しかも江青たち文革派の計画ではその通告日を、かれが満七十歳の誕生日をむかえる十一月二十四日ときめていたのである。

——それが終わるまでは、絶対にかれを死なせてはならん！

厳命を受けた医師団の治療で、危機を脱した劉少奇はそれから一年、生きのびる。北京から河南省、開封《かいふう》の監獄に移送されたのは翌年十月、獄死したのは十一月十二日という。

一国の主席でさえこんな運命だから、一般の人民はどうでもいい、という見方が中国人社会に定着している。しかし、遊牧民のモンゴルはちがう。庶民も貴族も命は同じく重い、との認識だ。モンゴル人が残忍な方法でリンチされ、殺されるのは、中国に編入されたからだ。

一九六八年――昭和四十三年の日本はどんなだったか。

世界に名をはせた「ゼンガクレン」の活動がピークをむかえたときであり、学生紛争の発生した大学は全国で百十五大学、うち六十五校が未解決のまま年を越した。なかでもマスコミをにぎわしたのは、東大医学部、青年医師連盟の「安田講堂占拠」と、機動隊導入によるその排除だった。

青医連の動きは、インターン制度実施をめざす医師法改正に反対したものだが、医学と医療の面で、長らく尾をひく問題を提起したのは、札幌医大でおこなわれた「心臓移植」と「脳死」の判定についてであった。これが日本社会における人間の生と死について、医学、宗教、哲学、倫理、法律など、各方面からの問いかけとなったからである。

こうして「大衆団交」「拒絶反応」が流行語となり、東京では「マンション・ブーム」が起きる。都内タクシーの五〇パーセントまでが冷房化され、「昭和元禄」に浮かれる世相のもと「失神」「ハレンチ」の語も生まれた。ラジカセはこの年に商品化され、「星影のワルツ」が町まちから流れた。

当時の農政では、平成五年（一九九三）の大凶作など予見できなかったろう。昭和四十三年の産米は一千四百四十五万トン、十月末の政府もち越し在庫は七百七十四万トンに達し、うち二百九十七万トンが前年産の古米で占められた。古古米が問題化するのは翌四十四年（古米四百二十三万トン、古古米百三十万トン）からである。

林彪事件のおかげ

「隠れたるより見《あらわ》るるは莫《な》く」というし、また「悪事、千里を走る」ともいう。情報のとぼしい中国社会ほど、うわさの伝わる速度は速い。共産党副主席、毛沢東の後継者と位置づけられていた林彪元帥のライデント256号機が、モンゴル人民共和国中央部のウンドル・ハーン草原に墜落したときも、その例にもれなかった。

一九七一年（昭和四十六）九月十三日に起きたこの事故の第一報は、モンゴル国営通信がつぎのように報じただけで、林彪のリの字にもふれていなかった。

——モンゴル領空に侵入した中国のジェット機が、わが領土内に墜落炎上した。現場からは、なかば不完全な焼死体九体と武器、証明書類、物資などが発見された。

詳報はなかったし、中国側も人民には沈黙をまもっていたが、ひと月とたたぬうちにシャルリグにも《情報通》があらわれる。ボロルダイはこの事件が、妻のスチンカンルにくわえられる「闘争」にどう響くかを心配し、人びとのうわさに耳をすました。

——黒こげの死体のなかには、林彪副主席と女房の葉群《イエチュン》もまじっていたそうじゃないか。ソ連へ逃げる途中だったというぞ。

——なぜソ連へ逃げるんだい。林彪は毛主席の後継者になっていたんだろう。副主席で元帥だし、解放軍の最高責任者だぞ。それに文革推進の旗がしらでなかったのか。

——だがな、自分が国家主席になりたくて、毛主席の暗殺をくわだてたというじゃないか、上海でな。それが失敗して、ソ連へ亡命しようとしたんだろう。

——逃げるにしても、なんでソ連なのか、わからない。新疆《しんきょう》でも東北でも、ソ連とはあちこちの国境線でもめてる最中なのに。

——それはな、敵の敵は味方、ということだろ。

中国の上層部を震撼させた林彪のクーデター計画は、時をおってその政治的背景が明らかにされてゆく。が、ボロルダイの心配とは逆に、スチンカンルへの「闘争」はこの事件を契機として、目に見えて減ってきた。後年の彼女にいわせれば、まさに、

写真46：内モンゴル自治区の草原で開催された官製の林彪批判会議。（著者提供）

——林彪のおかげ。

であった。それは闘争の目標が国内の「階級闘争」から、ソ連の修正主義に反対する国際的な「反修闘争」に転換してゆくからである。内モンゴルの草原地帯でも、林彪批判のキャンペーンがはじまる（写真46）。

これより先、毛沢東は国境問題で対立する一方の敵、ソ連を牽制するため、ソ連と冷戦をつづけるアメリカへの接近をはかっていた。一九七〇年十二月十八日、エドガー・スノーと会見した毛沢東は、ニクソン米大統領の訪中を打診して、対米関係打開のシグナルを送り、七一年四月、名古屋で開かれた世界卓球選手権大会では、アメリカ・チームを中国に招待する「ピンポン外交」を展開した。

こうしてニクソンの隠密特使キッシンジャーの登場になる。キッシンジャーは米大統領特別補佐官として、ヨーロッパ旅行の帰途を隠れミノに同年七月九日、パキスタンから北京に入る。毛沢東主席、周恩来総理と極秘裏に会談し、ニクソン大統領の中国訪問計画をとりきめた。

この訪中計画は一週間後の十五日、ワシントンと北京で同時に「公告」され、《ニクソン・ショック》として、日本の政・官・財界を一時混乱におとしいれた。中国の国際舞台への復帰がととのえられたわけだが、後継者の林彪一派はこれに反対して、ソ連への傾斜を深めていったのである。

モンゴル人のスチンカンル一家にとって、共産党中央の上層に位置する林彪は、はるか雲の上の存在である。その林彪の墜落死が、めぐりめぐってスチンカンルの命を保障してくれるとは、人の世の宿縁といおうか。

因縁のおもしろさはそればかりではない。スチンカンルが「法律管制三年」という人民の裁判の刑を受け、夫のボロルダイが強制労働四年に処せられた一九五八年は、林彪が党副主席に抜擢された年でもあった。

ここで暗号名「『五七一工程』紀要」と呼ばれた林彪のクーデター計画と、毛沢東暗殺未遂のことにふれておく。「五七一」とは、クーデターを意味する「武起義」と同じく「ウー・チー・イー」と発音する。暗号名にしてはいささか子どもっぽい。林彪が息子の林立果《リンリイクオ》らに立案させたものである。

林立果は林彪の最初の夫人、劉秀明《リユウシユウミン》とのあいだにできた長男で、その下に妹の林豆豆《リントウトウ》がいる。党副主席という父親のバックもあって、モンゴル人民共和国に近い空軍基地の司令代理に昇進して地歩をかためていたかれは、クーデターの主力部隊となる空軍内の秘密組織「連合艦隊」を組織し、都市部の上海や南京、それに広州などにも拠点をもうけた。

武装蜂起に使うスローガンは「現代の秦の始皇帝B—52（毛沢東のこと）打倒！」ときめていた。

さきの第九回党大会（一九六九年四月）で、毛沢東の「親密な戦友」として、その後継者に指名された林彪が、わずか二年もたたぬうちにクーデター計画に走ったのは、国家主席のポストにつけなかった不満からとされている。八月中旬から南方視察に出かけた毛沢東が、地方指導者との会見のなかで、

——国家主席になりたいとあせり、党を分裂させ権力を奪おうとしているものがいる。

と語っているからである。

南方視察の帰途、毛沢東が上海に宿泊するのを知った林彪は、九月八日に暗殺命令

をくだす。暗殺に成功すれば「連合艦隊」が、各地でいっせいに蜂起する手はずもととのえられた。

「武起義」計画は毛の乗った列車を爆破するというものであった。だが事前に察知され、毛沢東は出発時刻を早め上海を脱出する。なぜ秘密がもれたのか。いろいろな説はあるようだが、林立果の妹、林豆豆が北京にいた周恩来に急報し、周恩来からの緊急電話が毛のもとにとどき、間一髪でことなきを得たというのが、有力な説である。家族、兄妹とはいえ、中国社会では簡単に裏切る。

北京の東北、約三百キロにある避暑地、北戴河《ペイタイホー》で吉報を待っていた毛沢東の後継者林彪と夫人の葉群、林立果らは「こと破れたり」と知り、広州に独立政権をたてようともくろむ。北戴河近くの山海関空港に、北京から専用機を飛来させたのは九月十二日夜。これも周恩来に知られ広州には向かえず、十三日のソ連逃亡となったのだ。

スチンカンルは四十もなかばをこえた。批判闘争が減ったおかげで、暴力をくわえられることは少なくなったが、医者にかかることは依然、禁じられていた。近くの医者に頼みにいっても、後難をおそれて診察してくれるところはなかった。

――できるなら、なんとかしてやりたい。

ボロルダイにしろ、息子のエルデニにしろ、失われたスチンカンルの精神の安定を、取りもどしてやりたかった。やっと見つけたのが、東へ十キロも離れたバト湾の民間医である。といってスチンカンルを連れては歩けないし、人目のある昼日なかの往診は頼めない。ボロルダイか息子が夜道をロバをひいて、医者をむかえにゆくのだ。

治療は鍼灸《しんきゅう》と、煎じ薬などの民間療法である。彼女には鍼が効くのか、治療をうけた夜の眠りは深い。夜半のうなされかたが少ないのだ。治療をおえた医者を、夜明け前にバト湾まで送ってゆくのも、父子どちらかの仕事になった。

一週間に一度くらいの治療では、目に見えた効果は期待できなかったが、それでも一年ほどたつと、スチンカンルの症状が好転してきた。表情におびえのはしる回数が減ってきたし、幻聴にも悩まされなくなった。あとは気ながに回復を待つばかりである。

一九七四年（昭和四十九）春には、井戸から水をくんでは、羊にやることができるようになった。ボロルダイと息子はその姿を眺めて喜びあったものである。

ここで井戸のことに少しふれておこう。遊牧生活が主だった「解放」前には井戸も少なかったが、草原開墾が進むにつれて地下水位が下がり、平野部での涌き水や河が完全に消えた。さらに人民公社の発足と定住化の進行で、家ごとに深さ三メートルほどの井戸を掘るようになった。つるべ式のものが多く、たいていは家に近い沙丘のかげとか、低地を選んで掘られている。中国によって「解放」されてから、モンゴル高原の自然環境もこのように、完全に一変した。

この間、一九七二年には、二月のニクソン訪中につづき、九月には田中角栄首相、大平正芳外相ら日本政府首脳が訪中し、日中の国交正常化が実現する。林彪一派の粛清が進むなか、文革で失脚した実務派幹部の復活があいつぎ、鄧小平が国務院副総理に返り咲いたのは、一九七三年三月であった。

だが政局は楽観を許さない。林彪派の人民解放軍勢力にかわり、文革派が台頭するのである。七三年八月にひらかれた第十回の党大会で、「林彪を毛沢東の後継者とする」という部分を削除する党規約の改正報告をした中央委員の王洪文は、三階級特進で党副主席に選任された。

三階級とは政治局委員候補、政治局委員、同常務委員をさす。しかも副主席五人のうち、トップの周恩来につぐ、党内ナンバー・スリーの地位におどり出たのだ。

このとき張春橋《ちょうしゅんきょう》が政治局常務委員に昇進し、江青と姚文元は政治局員に再任され、王洪文をふくめた「四人組」結成の舞台がととのえられた。文革で急速にのし上がってきたかれらに、人民が《ヘリコプター（直昇飛機幹部《ジイションフェイチ》）》という名をつけたのもうなずける。

ついでに記しておけば、毛沢東の死（一九七六年九月）につづく「四人組」追放時の立役者となった葉剣英《ようけんえい》は、軍を代表して副主席に、華国鋒《かこくほう》と汪東興《おうとうこう》が政治局委員に選任されたのもこのときである。

大陸の霧の中をさまよっていたのは、モンゴル人スチンカンルの神経だけでなく、中国の政情そのものも揺れていたのである。

「だれをも恨まない」

一九七六年（昭和五十一）の北京は激動の年となった。

年明け早々の一月八日、老練な政治家であった周恩来総理がガンで死去し、十五日の追悼式には当時、党副主席と第一副総理を兼任していた鄧小平が弔辞をのべたが、それを最後に、かれは公式の場から姿を消す。四人組からの批判、攻撃にさらされていたためだが、二月には公安相の華国鋒が総理代行に任命された。

四月七日、華国鋒の党第一副主席・総理就任と同時に、鄧小平の全職務が解任された。華国鋒の就任を祝ってか、それとも鄧小平の追放に凱歌をあげてか、北京のメイン・ストリート長安街には、朝からドラや太鼓を打ち鳴らす官製のデモ隊が往来した。

しかしそれを見守る沿道の市民は少なく、民兵が警戒線をはる天安門広場はガランとしていた。それもそのはずであった。日本のお盆にもあたる四月四日の清朝節を機に、人民英雄記念碑をうめつくしていた周恩来追悼の花輪と、四人組を攻撃するスローガンが撤去され、これに抗議する十万余の人びとを、民兵と公安が武力で鎮圧したのが、これより二日前の五日夜だったからである。

この四・五「天安門事件」が、鄧小平再追放の理由にもなった。

七月六日には、長征以来の軍と革命の元老だった朱徳・全人代常務委員長が死去し、その重苦しさが消えない同月二十八日、北京市民の安眠をやぶった河北省唐山《とうざん》大地震（M7・8）が発生する。レンガ積みの家屋構造が被害を大きくしたとはいえ、被害は天津、北京にもおよび、唐山では死者二十四万二千七百六十九人、重傷者十六万四千八百五十一人を出す惨状を呈した。

余談になるが、復興にはげむ唐山市民のあいだに、職場や学校に出かける家族の安全をねがう標語がうまれる。

高高興興上　班去《カオカオシンシンシャンパンチイ》　平平安安回家来《ピンピンアンアンホイチャライ》

七言対句の形式をふむこの標語は、「元気でいってらっしゃい。帰りも無事でネ」というおもいを込めたものである。なにしろ人口百万の市民のなかに、四割を超すほどの人的被害が出たのだから、当然の気持ちだったろう。

これが交通安全標語に転用され、スチンカンルが住むシャルリグなど、中国全土にひろまるのは、まだ十年先のことだ。

唐山大地震から一カ月半後の九月九日、毛沢東主席が八十二年の生涯をとじる（写

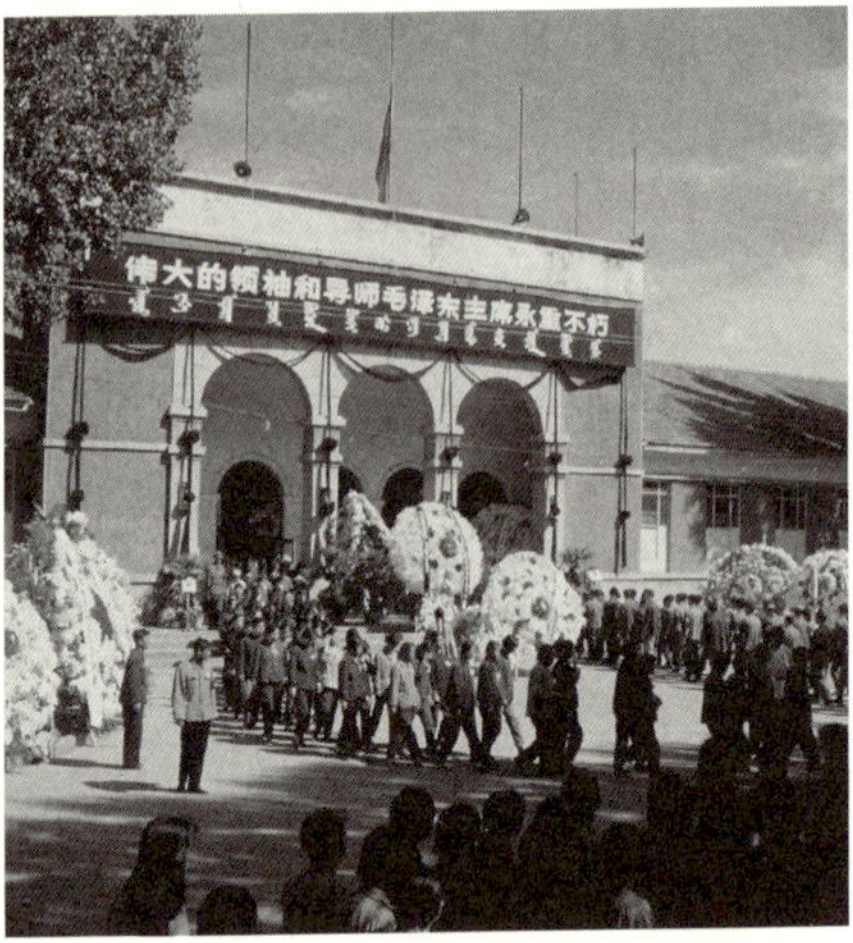

写真 47：毛沢東の死を弔う内モンゴル自治区の風景。（著者提供）

真47）。その遺言をめぐる中南海での権力闘争は熾烈をきわめ、葉剣英ら古参幹部と華国鋒らが、汪東興の指揮下にあった北京警備の八三四一部隊を動員して、江青ら「四人組」を逮捕したのは十月六日だった。ここに一九六六年から猛威をふるった文化大革命も、事実上の終わりをつげた。

スチンカンルの暮らすオルドス高原ウーシン旗でも、文革中の十年におきた各種事件の再審査と、無実の罪をはらして名誉を回復する「平《ピン》反《ファン》」作業が少しずつ開始された。

その作業は長々とつづいた。なにしろ被害者の処分理由が、本人の行為、言動だけでなく、数十年も過去にさかのぼった、いわばウーシン旗のモンゴル人の歴史にかかわっていたからである。

——スチンカンルの父親チョグトオチルは、《黄金家族》の一員である西公シャン家の当主として、はたして人民を搾取した反動勢力だったのか。

——シニ・ラマの訴訟運動や、内モンゴル人民革命党の結成は、民族分裂主義にして反革命的なものだったかどうか。

ウーシン旗の共産党委員会が、

「シニ・ラマの諸活動を再評価し、王公貴族による反動勢力はなかった」

との声明を発表したのは、一九七八年（昭和五十三）十月十二日のことである。

スチンカンルはシャルリグ寺へ呼ばれ、「名誉回復」の一枚の書類を党幹部から手渡された。精神状態がもとに復していた彼女は、書類に目を通しながら考える。

——文革中の「闘争」にもめげず、よくここまで生きてこられたものだわ。でも、わたしと一家をおそった災難は、五八年にはじまっている。この二十年の長かったこと……。

目が書類の最後までおよんだとき、なんと「ご意見とご希望」欄があるではないか。

——はて？　なんて書けばいいのかしら……。

いくら世の中が変わり、自分の名誉が回復されても、書けといわれて、そう簡単に書けるものではない。まして個人調査の保存書類（档案《タンアン》）になることを考えると、筆も進まなかったのか。彼女は意見や希望でなく、感想だけを書いた。

これは決して四人（江青らの「四人組」をさす）というたったの数人がもたらした災難ではない。文化大革命のときに狂ったのは、わたしだけではなく、みんなも狂っていた。だが、わたしのような王公貴族の出身者にとって、勉強になったことは多い。

ダムをつくることを学び、水稲の栽培はどうやるのか、田植え作業さえ身につけた。ダムづくりで病気になったとき、ゲルの代わりに与えられた豚小屋は、なんと暖かく感じたことか。

家畜囲いをつくることさえもできるようになったし、人の意見を聞けるまでに成長したとおもう。その意味で、むしろわたしは感謝している。

ウーシン旗人民政府は彼女に「一千元」の慰謝料を支払った。当時、中国の都市労働者の平均賃金は、月収で四十元前後だったから、ざっと二年分くらいの収入にあたるか。

この年、昭和五十三年の円・ドル相場は円高にすすんで、年末の相場は一ドルが百九十五円十銭をつけていた。それからみれば、米ドルとリンクする中国元の国際的価値はいまの約二倍、まだインフレにはなっていなかったし、オルドスの生活水準からみれば、まずまずの慰謝料だったろう。

スチンカンル、五十一歳の秋。

霧は、すっかり晴れわたったような感じだった。

スチンカンルの母親ボロ・ガトンの「名誉」も回復された。七十三歳の年齢をきざんだ口もとのシワは、西公シャン家の苦難の半生を切りぬけてきたあかしだったが、頭と体はまだしっかりしていた。

ある日、オルドスのイケジョ・アイマクの盟長（県知事）白海城《パイハイチョン》が、わざわざ三百キロも離れた東勝市から、ボロ・ガトンを見舞いに訪れた。かれは八路軍の幹部として西公シャンに駐屯していた時代、朝の牛乳を提供されていたひとりだった。文革中の非礼をわび、むかしをなつかしみ、礼をいう盟長に、ボロ・ガトンは手をふって否定する。

「革命の母なんて、とんでもない。わたしはね、西公シャンの嫁さんですよ。ただ、それだけ。でもね、モンゴル人として、ご先祖の名に恥じないように、自分のできることをしただけです」

「老マングース」とののしられた彼女の日々の行為も、いまでは「革命の母親」と評価が逆転した。西公シャンを八路軍の駐屯地にし、毎朝早くから牛乳をしぼって兵士に提供していたことが、抗日戦を支援した「革命の母」とみとめられたのである。「老マングース」と「革命の母親」。すべては中国政府がモンゴル人に貼り付けた、政治的な断罪のレッテルである。政治上の必要性から、何とでもいえるのが、中国である。

そしてまた、富豪の娘、王公の夫人、革命による没落、文革中の圧迫、名誉回復という流転の人生には、いつもこう語っていた。

「きょうも、お天道さまは回っているじゃない。そうでしょ。太陽は回る、政《まつりごと》は動く。世の中もそれと同じで、動いていくものですよ。たまには雨の日も、大雪の日もあるでしょう?」

草原に生まれ、沙漠に生きてきた遊牧民は、つねに太陽と自然の恵みを忘れない。その太陽の回るがごとく、自然体で生きる哲学は、スチンカンルにも受けつがれていた。

彼女を「闘争」にかけた人たちが、かつての「狂気のしわざ」について陳謝にくると、

「わたしを闘争にかけなければ、あんたたちもやられたんでしょうから。もう、終わったことですよ」

そう答えて、茶をのみながら談笑する。そこにはチンギス・ハーンの血をひく最後

の王女として、

——遊牧民に恥じない生きかたをしてきた。

というスチンカンルの自信がのぞいていた。

ちょうどそのころ、鄧小平副総理と黄華《こうか》外相は日本を訪れ、東京で「日中平和友好条約批准書」の交換をすませ、福田赳夫首相と会談する。その席で鄧副総理は「日本安保条約の維持や、自衛力の増強は当然」と発言（十月二十三日）し、翌二十四日には、ロッキード事件で失脚し、公判中の田中・元首相を目白の私邸に訪問している。

鄧小平が千葉県君津の新日鉄工場を見学し、コンピュータ制御による一貫製鉄システムに目を見はり、「これが近代化か！」と、叫んだのもいまはむかしのことである。

——近代化とは国民所得の両翻《リャンファン》（四倍）増である。

そう明言した鄧小平の後をついで総書記になった胡耀邦《こようほう》が、開放化路線に拍車をかけた一九八五年（昭和六十）、スチンカンルと労苦をともにしてきた夫のボロルダイは、近代化の果実を手にすることができぬまま、七十二歳で病死する。

母のボロ・ガトンは八七年に、

「だれを恨んでもいけないよ」

との遺言をのこし、八十二歳で大往生をとげた。

孫たちの世話に明け暮れるスチンカンルの頭上には、きょうもチベット仏教が教えつづけた輪廻《りんね》・転生《てんしょう》そのままに、哀歓を超えた太陽が回っているはずである。

おわりに

モンゴル高原の最南端、オルドスのシャルリグ鎮はどうなったのだろうか。いまや人口千人を超えた街の中心部には、五百メートルほどのメイン・ストリートが南北にはしっている。両側は商店街であり、モンゴル人経営の店もあれば、まったく聞きなれない中国南方の方言で、声高に商いをする商店も少なくない。

かれらは近年新しくオルドスに進出してきた南方の浙江省や福建省からの中国人である。ニュースタイルと称する家具をつくってモンゴル人に売り、牧畜民からは毛皮類を仕入れて、陝西省や甘粛省の商人に転売する。これら新住民の増加で、シャルリグの地は以前よりも中国人が圧倒的に多くなった。

この二、三年、目立ってきたのは、小、中学校に近い町の周辺部に、次つぎと建つ一戸建住宅である。開放経済のもと、懐にゆとりの出てきたモンゴル人が、子どもたちの教育を考えて建てたものという。

文革中は、学校に近い児童も遠い生徒も、全員が宿舎にいれられた。しかし通学制

写真48：エルデニとその夫人、そして娘さん。1992年春撮影。

にもどったいま、学校から何キロも離れた草原に住むモンゴルの子らには、通学がひと苦労となった。そこで、学校近くに《別宅》を建てるのが、流行となったのだ。

食事などの面倒をみるのは、まだ健康な祖父母たちの役目だが、なかには他家の子どもをあずかる下宿屋兼業もある。いずれにせよ教育熱の高いのは、現代オルドス・モンゴル人の特色のひとつで、この地に入植してきた中国人には、まったく見られない現象だ。

スチンカンルもレンガ建てのアパート式住居に、孫であるエルデニの娘と息子のほか、親戚の子ふたりをあずかり、小、中学校に通わせている。それがまた彼女が元気をたもつ秘訣なのかもしれない。

ニワトリだけが遊び相手だった小学生時代のエルデニは、バスなど見たこともなかった

(写真48)。それがいまでは、一日往復三便のバスがシャルリグの町なかを通っている。イケジョ・アイマクの盟都・東勝市と、陝西省の靖辺県をむすぶ長距離バス、ウーシン旗政庁があるダブチャク鎮と靖辺間、さらにオトク旗とウーシン旗間の一便ずつである。

さて、オルドス高原の名刹であり、ボロ・ガトンとスチンカンル母娘の生涯に、決して忘れられない歴史の数コマを刻みつけたシャルリグ寺は、どんな姿に変わったのだろうか。

もちろん跡かたもない。廃墟の一角に建っているのは、シャルリグ郷唯一の郵便局である。局員は、たったのふたり。それでもハンドルをぐるぐるまわして本局を呼ぶ公衆電話が一台あった。電話局の記録係に、相手の番号をつげて待つのだ。日本への長距離をかけようとすれば、朝から弁当持ちで気ながに待たねばならないのだが。

では、西公シャンは？　ここにはスチンカンルの弟・バウ夫婦が、くずれさった旧邸のレンガをひろい集めてつくった家が建っている(写真49)。だが、文革中に人民公社員らが開墾した屋敷周辺の大草原は、その苦労の痕跡さえとどめず、すっかり一望無尽の沙漠に変貌してしまった。バウの私有する羊は、その沙漠のなかで毎日ノンビリ草をはんでいる。

祖先をまつるイケ・オンゴンの聖地に、スチンカンルの「第一犂」をいれさせた七

写真49：あたり一面の沙漠を背景に、中国の人民服を着た西公の後裔バウとその夫人。モンゴルの伝統的な民族衣装の着用はまだ禁止されていた。1992年春に撮影。

千ヘクタールの開墾地も、いつのまにか、黄沙がおおう見渡すかぎりの沙漠と化した。開墾前、随所に群生していた灌木ヤシルの林は、三十年後の今日も復元せず、荒廃したままである。春になると、偏西風に乗った黄沙はついに日本にも飛来するようになった。

それだけではない。彼女らが悪戦苦闘して開いたアドン・ドカイの水田も、いつしか谷から消えた。

それは中国の人民公社制度の崩壊にも原因が求められようが、オルドス地方での農耕政策に、どこか無理があったからではないか。シャルリグ人民公社の本部跡には「シャルリグ郷人民政府」の役所が建ち、スチンカンルらが所属していた生産隊本部跡は、モンゴル人が経営する粗末な旅館に変わっている。「八・一農場」はなくなったし、もう人民公社時代の影はなにひとつ見当たらない。

共産党中央の方針と政策が伝達される会議に、親たちがいつもかり出されていたことなど、いまの子どもには理解できなくなった語り草である。風力発電機と蓄電池の普及で、小型の白黒テレビがあれば、自宅にすわったまま、さまざまな情報が得られるのだ。

スチンカンルの孫たちが国際社会に羽ばたく新世紀にも、かれらを見守りながら回ってくれる太陽がほしいものである。

あとがき　その一

楊　海英（オーノス・チョクト）

私の実家は、本書の主人公スチンカンルさんの家から西に約十キロメートルのところにある。父祖代々、彼女の祖先一家に属する「アルバト（属民）」だった。祖父のノムーンは、一九四〇年ごろまで、ウーシン旗の「ハーラガチ（旗境官）」をつとめていた。「旗境官」は、他旗との旗境を巡視し、入植してきた中国人から税金を徴収し、モンゴル人とかれらのあいだに発生したトラブル処理にあたる役人である。当時の入植中国人は、行政上ウーシン旗の属民ではなく、旗政府としてはかれらを管理するのに相当手を焼いていたそうだ。「旗境官」は、中国人の犯罪者を自ら鞭打ちの刑に処す権利をもっていたという。

牧畜民たちの話では、この祖父は、旧正月の元日、太陽が昇る前に「西公シャン」に出向き、新年の挨拶をしていたという。

私は「文化大革命」がはじまる二年前の一九六四年生まれであり、ものごころつくころから「文化大革命」の混乱に直面しなければならなかった。祖父が「旗境官」だったことから、「中国人民の尻をたたき、中国人民を圧迫した」との理由で、一家はいわゆる「出身の悪い搾取階級」の身分に分類された。

「文化大革命」がはじまると、わが家の家畜が没収され、放牧の権利が剝奪された。さらに、それまで住んでいた家から追い出された。父は陝西省へ逃げ、母は批判闘争にかけられたうえ、強制労働を課され、七十歳になる祖母も「労働改造」にかり出された。

「文化大革命」中のスチンカンルさんのことは、おぼろげながら記憶にある。たしかシャルリグの町で見かけたと思うが、きちんとした中年のご婦人だな、と子どもこころに感心したことを覚えている。子どもたちが、彼女の弟バウさんに向かって石を投げつけているのを目撃したこともある。私は、同じく「悪い出身階級」として、彼らとはどこか心が通じあうような気がしていた。小学生のときは、五年間、ボロ・ガトンの次女セレジドティの娘さん（スチンカンルの姪）と同じクラスで学んだ。彼女はいま、ウーシン旗の税務局につとめている。

私は、シャルリグにあるモンゴル語の小学校（「民族学校」）に行きたかったが、「出身が悪い」ことから、かなわなかった。しかたなく私は、母方の祖父母が住む河南人民公社の古城小学校にはいり、中国語で授業を受けることになった。古城小学校に入学するとき、私は「出身がよい」とされた母方の「貧牧」の身分を名乗り、以後、高校を卒業するまで、それで通した。

私は母国語で教育を受けたことがない。休みの日にも中国語のテキストを離さなかった私を見て、両親はさびしい思いをしていたにちがいない。二人はいつも「モンゴル語を絶対に忘れてはいけないよ」と言うのだった。

家を一歩出れば、そこにはもう中国語の世界である。母国語を使うのは、せいぜい家族のあいだで気持ちを伝えあうときぐらいだった。中国に組み込まれ、中国語による教育を強制されてきた少数民族の家庭では、こうしたことは珍しくなかったはずだ。私が高校生になり、外国語科目として、中国語以外の言葉、日本語を学ぶようになったことが、両親にはたいへん嬉しかったようだ。北京の第二外国語大学に合格したときの二人の喜びようは並なみならぬものがあった。

現在「民族学校」は一部で復興している。そこでは三年生のときから必修科目として中国語を習う。ほとんどの「民族学校」では日本語や英語など外国語科目は設置されておらず、語学に関しては中国語だけで十分であるとの大漢族主義的教育方針が貫かれている。進学や就職のさいに中国語が必須であるにしても、多くの若者は、母国語についてもっと知りたいという気持ちを抱いているのではないだろうか。

北京の大学で学んでいたころ、私は新間聡という日本人の先生に出会った。戦前、上海の東亜同文書院大学に学び、戦前・戦後の中国、日本で生きてこられた方である。

先生の豊富な経験と知識、そしてそのお人柄に、私はおおいに引きつけられた。先生とご一緒にチベットをはじめ中国各地を旅行したこともある。そして一九八九年春、私は先生に相談し、新聞配達をしながら日本での留学生活をはじめることにした。

本書は、一九九一年春から翌年にかけて、故郷のオルドス高原ウーシン旗で文化人類学の実地調査をおこなったさい、スチンカンルさんが語ってくれた波瀾の体験談を忠実に再現したものである。論文をまとめるかたわら、ノートに記したスチンカンルさんの話を整理した原稿を、新間先生に推敲していただき、日本の読者の理解のため、時代背景を加筆していただいた。

王女スチンカンルをめぐる一連の歴史的な出来事の発生順序は、すべて彼女が語ってくれた時間軸に沿うものである。これは主人公スチンカンルの半生の記録であり、文化人類学でいうところの「ライフ・ヒストリー研究」でもある。

本書を書きながら、つねに考えていたことがある。「文化大革命」は、全中国人民を巻き込み、中国のすみずみまで広がった。「文化大革命」前後を生きた中国籍の人びと（中国人とその他の諸民族）には、それぞれに波瀾にみちた「文化大革命史」があるにちがいないが、五十いくつもある民族のあいだでくりひろげられた「文化大革命」は、中国人地域のそれとはまったく異なるものだったということである。

諸民族の立場から見れば、「文化大革命」は民族固有の文化を破壊する運動であり、同時に諸民族を「中国人」に改造するための社会革命の性格をもおびていたのである。中国人を中心とする「大中華思想」が露骨に表れ、歴史上のどの王朝よりも、民族差別と大量虐殺が横行した時代であったと思う。スチンカンルさんは、そうした民族の一つ、モンゴル人として「文化大革命」の嵐に巻き込まれ、苛酷な半生を生き抜いてきた女性である。

このところ、「文化大革命」をあつかった本が数多く出版されている。海外で大きな反響を呼びながら、さまざまな事情から、依然として中国国内では出版できない本もあると聞く。中国政府は「文化大革命は間違っていた」として、これを完全に否定しているが、中国で二度と「文化大革命」がおこらないという保証はない。中国史を冷静に振り返ってみれば、二千年来の「大中華史」は、「文化大革命」のような悲惨な「政治闘争史」以外のなにものでもなかったともいえよう。

反省するだけでは進歩はない。「文化大革命」についても、反省しているばかりでは、中国国民の将来は保証されないだろう。その文化的・歴史的根源を徹底的に考え直さないかぎり、歴史はくりかえすことになると思う。本書がそれを考えるための材料の一つとなれば幸いである。

日本に留学して以来、つねに私を励まし、ご指導くださった新間聡先生には、紙上を借りて深く感謝の意を表したい。お忙しいなか、西公シャンの復原想像図を描いてくださった広島女学院大学（当時）の猿田佳那子先生には衷心より感謝申しあげる。

また、適切な助言をいただいた草思社の増田敦子さんに厚くお礼申しあげたい。

最後に、この百年来、多大な苦難を経験してきたオルドス・ウーシン旗のモンゴル人に本書を捧げることを、お許し願いいたい。


（一九九五年三月　吹田市豊津にて）

あとがき　その二

新間　聡

自分のメモがわりにする日記類ならともかく、人に読んでもらう文章を書くのは、なかなかむずかしい。読んでいる人にわかってもらえねば、いくら力作（？）と自認しても、相手のねむけを誘うだけである。

それも年配者から若い人にまで、さらには男性にも女性にも、スラスラと読んでいただきたいとなると、おおげさな表現は目ざわりだし、漢字の使用もなるべく少なくしたい。まずそれを念頭におき、時代感覚がずれないように、当時の日本の時代相も簡単にくわえた。スチンカンルの生きた現代史を、読者の皆さんの生活史と、ひき比べられるようすがになれば、と考えたからである。

その小道具は舞台回しとは関係ないが、なにせ主人公が内モンゴル最後の王女である。彼女の半生の軌跡をたどるとき、中国がむかしからかかえてきた少数民族問題、そして少数民族であるモンゴル族の、アイデンティティを求めるプライドと悩みが浮きでてくる。

ともあれ楊君が故郷のウーシン旗でフィールド調査をした記録のなかに、スチンカンルについての小伝があった。古い写真も見せてもらった。彼女はモンゴルの王女として生まれ、文革時代の苦難にも、子どもの母として、またひとりの女性として生きぬいてきた。

わたしはその強い意志を、さらには大草原と沙漠の自然から学びとった、「人生は太陽が回っているのと同じ」という自然体の生きかたを、紹介したかった。

それでもモンゴルの制度、風習、伝統観を適切な日本語で伝えるのはむずかしい。楊君とも何度となくダメをおしながら、まとめ上げたが、出版の労をとってくださった草思社の北村正昭編集長、なにかとお世話をかけた編集部の増田敦子さんに、お礼を申しあげる。

〈通の読者〉は「あとがき」から読みはじめるそうですが、話は序、破、急の調べにのって展開します。速続でもけっこうです。ひとつ最初からお読みください。とくに女性の方にお願いをひとつ。読後は心のなかで、スチンカンルに拍手を送ってください。

（一九九五年雛祭りの月）

文庫版あとがき

——新間聡先生の思い出とその後のスチンカンルさん

一　上海同文書院の学知

上海弁の中国語を操り、戦前の中国を熟知している日本人教授が来た、という噂が北京第二外国語学院に広がったのは、一九八六年春だった。私は大学三年生で、上海弁を話す「戦前派の日本人」先生に関心がなかった。読売新聞社をリタイアしてから赴任してきたというので、「プロの先生」ではない、と決め込んでいた。

ところが、講義が始まると、真っ先に私が怒られた。

「きみはなあ、日本語ができても、その他の知識はゼロだな。特に中国については何もしらんな！」と厳しく言われた。

日本語日本文学が専門だから、「その他の知識」はなくてもいいと思っていた。そして、中国に全然興味はなかった。私はモンゴル人で、中国の首都北京でしばらく勉強してからどこか外国に行きたいと思っていた。中国社会に強烈な違和感を覚えながら、孤独の毎日を送っていたからだ。

ところが、夏休みに入る前、チベットに行かないか、と先生に誘われた。チベットならば、すでに一度、放浪の旅を終えていたが、また行ってもいいと思った。かくして、先生と二人で飛行機に乗り、四川省を経由してチベットの都ラサに飛んだ。その後は更に時間さえあれば、中国各地を旅して回った。私も自分の無知を自覚していたので、どうすれば教養を身につけることができるのかと、先生に尋ねた。

「調べれば、分かる」

これが先生の口癖だった。先生は定年後も第一線から中国の社会変化に関する情報を、讀賣新聞を通じて日本に伝えていた。その多くの取材の現場に私が同行していた。「上海弁はおれの方が上手いが、北京官話ならきみが得意だろう」、と可愛がられた。その時から、「調べれば、分かる」という現場主義の醍醐味が分かったのである。

先生の上海弁は、東亜同文書院で磨きあげたものである。

東亜同文書院は、一九〇一（明治三十四）年に、清国の上海に開設された。経営母体は開明的な政治団体、東亜同文会だった。日本と清国、清国が崩壊後には中華民国との文化事業の推進に力を入れていた、ユニークな団体が設置した大学、これが上海東亜同文書院である。

この上海東亜同文書院の教育上の特色は、学生たちに中国社会での調査旅行を数カ月間にわたって実行させていた点にあった。一期生から始まり、半世紀に及ぶ調査対象地域は、合計七〇〇コースもあり、まさに網の目のように中国の大地にかぶされたのである（藤田佳久編著『中国を歩く』東亜同文書院・中国調査旅行記録・第二巻、愛知大学、一九九五年）。肌で感じ取った、生の中国社会に関する深い理解と洞察は、東亜同文書院生のその後の人生に大きな影響を与えた。新聞聡先生が読売新聞で伝えていた中国像はまさにそうした実体験から得られたものであった。現地社会に深く入り、そして「調べる」という姿勢であった。

私はその後、日本に留学する。

「甘くないぞ、日本社会は！」、と先生に何度も言われた。先生は読売新聞奨学生になる機会を与えてくださった。新聞配達をしながら、私は学び、大学院に入った。

「うまいもんでもおごってやるよ」、と先生は関西の高級日本料理店に貧乏学生の私を何回も連れて行ってくださった。そして、銘酒「春鹿」の会のメンバーたちにも紹介し、モンゴルの話を披露させていただいた。

大学院を出て、静岡に職を得た私のところに、先生は一九九九年春のある日に訪ねてこられた。

「近くに墓があるもんで」と先生は話しながら、静岡駅前にある、幕末の最後の将軍慶喜公ゆかりの店に私を連れて行ってくださった。その後も、年に数回は関西にいらっしゃる先生にお電話をして近況報告をするようにしていた。そのつど、「だいたいのことは、調べれば分かる」、と言われたものである。

その後、先生は静かに、老兵のごとく、永遠にこの世を去った。
「調べれば、分かる」
今、私は先生から教わったこの言葉を学生たちに伝えている。

二　二十世紀モンゴル人の生き方

本書が『チンギス・ハーンの末裔――現代中国を生きた王女スチンカンル』というタイトルで一九九五年に出版された後、大きな反響が沸き起こった。なにしろ、本書は戦後において、モンゴル人が書いた最初の、モンゴルに関する著作である。そのモンゴルの一部、内モンゴルは戦前において、満洲とともに日本の植民地であった。旧植民地に対する郷愁とさまざまな複雑な思いを読者たちは読んで、感じとった、と私に寄せられた手紙にそう書いてあった。

主人公のスチンカンルさんに会いに行きたい、という日本人もいた。私は戸惑いながら、オルドス高原への行き方を教えた。いまとちがい、携帯電話もインターネットも無かった時代である。本書のなかにも触れたように、オルドスから日本に電話をかけるには、町の郵便局で丸一日くらい待たなければならなかった時代である。

私の予想を遥かに超えて、多くの日本人読者たちがオルドスを訪れ、主人公スチンカンルさんに会ってきた。なかには、その後、オルドス高原で植林活動を展開しはじめたグループもいた。かくして、草原の王女、スチンカンルさんは日本人と知り合い、さまざまな交流を通じて日本についても知るようになったのである。彼女は現在も、オルドスに暮らしている。

二〇〇九年九月、本書は中国内モンゴル自治区で映画化された。映画のタイトルは、『スチンカンル（斯琴杭茹）』。バヤンとチャグドル監督で、少女時代のスチンカンルを演じたのはモンゴル国の女優ジョラーさんで、成人後の役に扮したのは内モンゴル出身のバドマさんだった。そして、カメラを回したのは、モンゴル国のダワードルジという芸術家だった。映画は翌年に中国の「大学生電影賞」（Award for Best Ethnic Theme Film）を受賞し、主演のバドマさんはモンゴル国で当該年度の最優秀女優賞を与えられた。

しかし、映画『スチンカンル（斯琴杭茹）』は日本で出版された『チンギス・ハーンの末裔——現代中国を生きた王女スチンカンル』を台本にしている、と中国では言えなかった。当時、すでに私は民族問題について調査研究する不都合な人物だとして、中国政府から警戒されていたからだ。監督も女優もみんな親しい友人だったので、「あいつの名前を公式に出せなくても、その日本語の本を原作として使おう」という信念の下で映画化された、と公開後に聞かされた。

内モンゴル自治区では版権云々以前に、民族問題が存在している。厳しい政治的環境のなかで、いかにモンゴル人の生き方を映像化するのか、という難題をモンゴル人芸術家たちは抱えている。だから、私の名前が、「原作　楊海英　新間聡」という形で出なかったものの、草原のモンゴル人たちが経験した中国を伝えることができたことで、逆に嬉しかった。

映画が製作されたことで、内モンゴルに住む同胞たちの生き方について知ることができたのは、モンゴル国の人々である。ともにチンギス・ハーンの子孫を自任し、まったく同じような言葉と文化、そして歴史と宗教を共有してきたにも関わらず、分断民族として暮らすモンゴル人の悲しみを、ウランバートルの同胞たちも共感するようになった。

二〇一七年九月二十九日夜、私はモンゴル国のラジオ局での収録に臨んだ。そのとき、アナウンサーから、「もしかして、スチンカンルさんについて書いた方ですか」と聞かれた。スチンカンルさんの歴史は決して個人的な経験ではない。二十世紀を生きた、すべての内モンゴルのモンゴル人の生き方を代表できるものである。その生き方から得られる教訓は、確実に、同胞の国にも伝わっている。

「第二次世界大戦後のモンゴルは、ドイツや朝鮮と同じように分断された民族となってしまった。分断されても、いつか民族の統一は必ずや実現される日が訪れるに違いない。我々は皆、チンギス・ハーンの子孫だから」

このように、モンゴル人たちは認識している。

本書は、現代中国とモンゴルを理解する手がかりになりうる、と理解を示し、文庫化してくださったのは株式会社草思社・取締役編集部長藤田博さんと増田敦子さんである。記して、感謝の気持ちを述べたい。文庫化するにあたり、写真を入れ替え、以前に伏しておいた登場人物たちの名前をすべて本名に戻した。歴史の真実を伝えるためである。

楊　海英

二〇一九年夏

◉参考文献

『毛沢東著作選読』（甲種本） 人民出版社 一九六五年
『毛沢東選集・第5巻』 人民出版社 一九七七年
『唐山大地震』 銭鋼著 新華書店北京発行所 一九八六年
『十年動乱』 黒雁男著 国際文化出版公司 一九八八年
『鄧小平――その政治的伝記』 斉辛著・菅栄一訳 三一書房 一九七九年
『毛沢東の生涯』 竹内実著 光文社 一九七四年
『中国人として育った私』 西条正著 中公新書 一九七八年
『北京三十五年・下』 山本市朗著 岩波新書 一九八〇年
『文化大革命と現代中国』 辻康吾他著 岩波新書 一九八六年
「中国・少数民族地域の統計をよむ――内モンゴル自治区オルドス地域を中心に」 楊海英・児玉香菜子著『人文論集』（54巻1号 静岡大学人文学部） 二〇〇三年七月
『墓標なき草原―内モンゴルにおける文化大革命・虐殺の記録（上・下）』 楊海英著 岩波書店 二〇〇九年
『続 墓標なき草原―内モンゴルにおける文化大革命・虐殺の記録』 楊海英著 岩波書店 二〇一一年
『モンゴルとイスラーム的中国』 楊海英著 文春学藝ライブラリー 二〇一四年

『チベットに舞う日本刀』楊海英著　文藝春秋　二〇一四年
『モンゴル人の中国革命』楊海英著　ちくま新書　二〇一八年
『独裁中国の現代史』楊海英著　文春新書　二〇一九年

◉写真出典一覧

Erdeni-yin Tobči（Mongolian Chronicle, Introduction by Antoine Mostaert, part 1）, 1956, Harvard University Press, Cambridge, Massachusetts.
Ordosica, Antoine Mostaert, 1934, Bulletin of the Catholic Universith of Peking, No 9.
Au Pays des Ortos, Joseph Van Oost, 1932, Paris.
China Museum Scheut（Brussel）所蔵宣教師写真

◉「西公シャン復原想像図」（28頁）　猿田佳那子・画

＊本書は、一九九五年に当社より刊行した『チンギス・ハーンの末裔』を改題し、加筆・修正して文庫化したものです。

草思社文庫

モンゴル最後の王女
文化大革命を生き抜いたチンギス・ハーンの末裔

2019年12月9日　第1刷発行

著　者　楊 海英・新間 聡
発行者　藤田 博
発行所　株式会社 草思社
〒160-0022　東京都新宿区新宿1-10-1
電話　03(4580)7680(編集)
　　　03(4580)7676(営業)
　　　http://www.soshisha.com/

本文組版　有限会社 一企画
本文印刷　株式会社 三陽社
付物印刷　中央精版印刷 株式会社
製本所　株式会社 坂田製本
本体表紙デザイン　間村俊一

1995, 2019 © Yang Haiying, Shinma Satoshi

ISBN978-4-7942-2428-6　Printed in Japan